미래엔이 만든 초등 전과목 온라인 학습 플랫폼

무약정
기간 약정, 기기 약정 없이 학습 기간을 내 마음대로

모든 기기 학습 가능
내가 가지고 있는 스마트 기기로 언제 어디서나

부담 없는 교육비
교육비 부담 줄이고 초등 전 과목 학습 가능

원하는 학습을 마음대로 골라서!
초등 전과목 & 프리미엄 학습을
자유롭게 선택하세요

학교 진도에 맞춰 초등 전과목을 자기주도학습 하고 싶다면?	아이 공부 스타일에 맞춘 AI 추천 지문으로 문해력을 강화하고 싶다면?	하루 30분씩 수준별 맞춤 학습으로 수학 실력을 키우고 싶다면?
  국어 수학 사회 과학 영어 **전 과목 교과 학습**	  **AI 독해력** 강화솔루션	 **AI 수학실력** 강화솔루션

아름다운 우리말 ❶

✏️ 다음 낱말의 뜻을 보고, 말풍선에서 알맞은 낱말을 찾아 ○표 하세요.

1 능동적(能 능할 능, 動 움직일 동, 的 과녁 적)
: 자기 스스로 판단하여 적극적으로 움직이는 것.
예 진호는 어려운 일도 능동적으로 해결한다.
`비슷한말` 적극적 `반대말` 수동적

2 반성(反 돌이킬 반, 省 살필 성)**하다**
: 자신의 말이나 행동에 대해 잘못이나 부족함이 없는지 돌이켜 보다.
예 친구에게 저지른 잘못을 깊이 반성했다.

3 사례(事 일 사, 例 법식 례)
: 어떤 일이 전에 실제로 일어난 예.
예 이해하기 쉽게 구체적인 사례를 들어 설명했다.
`비슷한말` 실례

4 세대(世 세대 세, 代 대신할 대)
: 같은 시대에 살면서 비슷한 생각을 가지고 있는 비슷한 나이의 사람 전체.
예 아버지와 아들은 세대가 달랐지만 말이 잘 통했다.

5 실태(實 열매 실, 態 모양 태)
: 있는 그대로의 상태. 또는 실제의 모양.
예 환경 오염 실태를 파악하다.

6 언어생활(言 말씀 언, 語 말씀 어, 生 날 생, 活 살 활)
: 말하거나 듣거나 쓰거나 읽거나 하는, 말과 관련된 생활.
예 바람직한 언어생활을 하기 위해 노력해야 한다.

7 점검(點 점찍을 점, 檢 검사할 검)**하다**
: 낱낱이 검사하다.
예 준비물을 다 챙겼는지 점검해 보았다.
`비슷한말` 검사하다

8 훼손(毀 헐 훼, 損 덜 손)**하다**
: 헐거나 함부로 다루어 못 쓰게 하다.
예 문화재를 훼손해서는 안 된다.

사람들이 자연을
(점검하고, 훼손하고)
있어요.

무분별한 개발로
자연이 몸살을 앓고
있구나.

요즘 젊은 (세대, 실태)가
사용하는 말들은 무슨
뜻인지 알아들을 수가 없어.

(1)

(2)

1 다음 뜻에 알맞은 낱말을 **보기** 에서 찾아 기호를 쓰세요.

어휘
확인

보기

㉠ 반성하다 ㉡ 훼손하다 ㉢ 점검하다

(1) 낱낱이 검사하다. ( )

(2) 헐거나 함부로 다루어 못 쓰게 하다. ( )

(3) 자신의 말이나 행동에 대해 잘못이나 부족함이 없는지 돌이켜 보다. ( )

2 다음 낱말의 뜻에 알맞은 말을 찾아 ○표 하세요.

어휘
확인

(1) 실태   (가장 좋은, 있는 그대로의) 상태. 또는 실제의 모양.

(2) 언어생활   말하거나 듣거나 쓰거나 읽거나 하는, (말, 몸)과 관련된 생활.

(3) 세대   같은 시대에 살면서 비슷한 생각을 가지고 있는 비슷한 (성격, 나이)의 사람 전체.

3 다음에서 밑줄 친 낱말을 잘못 사용한 친구의 이름을 쓰세요.

어휘
적용

호진: 빙하가 녹고 있는 북극의 실태를 알리는 뉴스를 봤어.
재아: 동생이 미술 대회에서 상을 받았다고 하루 종일 반성하고 다녔어.
수민: 인터넷에 나오는 말들이 어린이의 언어생활에 영향을 미치는 것 같아.

( )

4 다음 문장에 어울리는 낱말을 찾아 ○표 하세요.

어휘
적용

(1) 관광지의 문화재를 심하게 (점검한 / 훼손한) 사람이 경찰에 붙잡혔다.

(2) 시대가 빠르게 변화하면서 젊은 층과 어른 (사례 / 세대) 간의 갈등이 발생하고 있다.

5 다음 글의 밑줄 친 낱말과 뜻이 비슷한 낱말에 ○표 하세요.

어휘
확장

한글날을 맞아 ○○초등학교는 『우리말 지킴이』라는 책을 펴냈다. 이 책에서는 잘못 쓰기 쉬운 우리말 표현에 대해 알려 주고, ○○초등학교 학생들이 올바른 우리말 사용을 실천한 사례를 소개하고 있다. 5학년 이주연 어린이는 "책에 소개된 친구들처럼 나도 말할 때와 글을 쓸 때 우리말을 바르게 사용해야겠다는 생각이 들었다."라고 말했다.

(1) 생각 (   )   (2) 실례 (   )   (3) 주장 (   )

6 다음 대화에서 밑줄 친 낱말과 뜻이 반대인 낱말을 찾아 쓰세요.

어휘
확장

혜연: 우리 반에는 능동적인 친구들이 많아. 이번에 연극을 준비할 때 모두 적극적으로 참여했잖아.

민수: 그 덕분에 성공적으로 연극 공연을 마칠 수 있었어. 친구들이 수동적인 태도를 보였다면 공연 준비를 제대로 할 수 없었을 거야.

(   )

관용 표현
7 다음 글을 읽고, 빈칸에 들어갈 속담으로 알맞은 것에 ○표 하세요.

요즘 성호네 반에서 친구들 사이에 다툼이 자주 일어났다. 선생님께서는 반 아이들에게 **언어생활**을 **점검해** 보자고 하셨다. 아이들은 일주일 동안 자신이 어떤 말을 사용하는지 스스로 적어 보았다. 그 결과 평소에 거친 말과 욕설을 많이 사용한다는 것을 알게 되었다.
선생님께서 칠판에 '(   )'라고 쓰시고 말씀하셨다.
"친구들끼리 서로 배려하고 고운 말을 사용한다면 다툼이 줄어들 거예요."

(1) 우물을 파도 한 우물을 파라: 어떤 일이든 한 가지 일을 끝까지 해야 성공할 수 있다는 말.
(   )

(2) 부모 말을 들으면 자다가도 떡이 생긴다: 부모님 말씀을 잘 듣고 따르면 좋은 일이 생긴다는 말.
(   )

(3) 가는 말이 고와야 오는 말이 곱다: 자기가 남에게 말이나 행동을 좋게 하여야 남도 자기에게 좋게 한다는 말.
(   )

[8~9] 다음 기사문을 읽고, 물음에 답하세요.

'아름다운 우리말' 기념우표 발행

우정 사업 본부가 아름다운 우리말을 주제로 한 기념우표를 발행한다. 기념우표에는 자연과 관련한 우리말인 '햇귀', '봄기', '윤슬', '웃비'가 그림과 함께 어우러져 담긴다.

최근 누리 소통망과 온라인 게임 등에서는 뜻을 알기 어려운 줄임 말과 새로 생긴 말인 신조어, 외래어가 무분별하게 사용되면서 우리말을 (㉠) **사례**가 늘고 있다. 우정 사업 본부에서는 이러한 **언어생활**에 경각심을 불러일으키기 위해 아름다운 우리말 기념우표를 발행한다고 밝혔다.

우표에 담기는 순우리말 '햇귀'는 해가 처음 솟을 때의 빛을 뜻하는 말로 희망을 상징하기도 한다. '봄기'는 봄을 느끼게 해 주는 기운이나 그 느낌을 뜻하고, '윤슬'은 햇빛이나 달빛에 비치어 반짝이는 잔물결을 뜻한다. '웃비'는 아직 비가 올 듯한 기운이 남아 있으나 좍좍 내리다가 그친 비를 뜻한다.

이번 기념우표는 인터넷 사용이 생활화된 **세대**에게 아름다운 우리말을 알리고, 우리말의 소중함을 일깨워 줄 수 있을 것으로 보인다.

— 문솔아 기자

◆ **우정 사업 본부:** 우편, 전보 등과 같이 우편에 관한 행정과 관련된 사업과 활동을 하는 조직 또는 부서.

◆ **발행한다:** 출판물이나 인쇄물을 찍어서 세상에 펴낸다.

◆ **경각심:** 정신을 차리고 주의 깊게 살피어 경계하는 마음.   ◆ **생활화된:** 생활의 한 부분이나 습관이 된.

8 ㉠에 들어갈 낱말로 알맞은 것은 무엇인가요? (   )

① 반성하는   ② 전달하는   ③ 점검하는   ④ 조사하는   ⑤ 훼손하는

9 이 기사문을 읽고 알맞게 말한 친구에게 모두 ○표 하세요.

(1) 우석: 햇귀, 봄기, 윤슬, 웃비처럼 자연과 관련한 아름다운 우리말을 더 알아봐야겠어.

(   )

(2) 태현: 기념우표에 인터넷에서 많이 사용되는 신조어가 담긴다고 하니 나도 기념우표를 갖고 싶어.

(   )

(3) 진아: 누리 소통망과 온라인 게임에서 줄임 말이 너무 많이 사용된다고 느꼈어. 이제부터는 아름다운 우리말을 사용하도록 노력할 거야.

(   )

아름다운 우리말 ❷

✏️ 다음 낱말의 뜻을 보고, 초성에 알맞은 낱말을 써넣어 대화를 완성하세요.

요즘 학생들이 ㅅ ㅈ ㅇ 나 외래어를 ㄴ ㅇ 하는 것 같아.

인터넷에서 대화하다 보면 자연스럽게 신조어나 외래어를 사용하게 되는걸.

새로 생긴 줄임 말이나 외래어를 ㄱ ㄷ 하게 사용하면 안 돼. 그 말을 모르는 사람과 의사소통이 안되잖아. 또 한글 맞춤법을 무시하고 제멋대로 ㅍ ㄱ 하는 것도 ㅅ ㄱ 한 문제라고 생각해.

그런 문제가 있구나. 신조어를 사용하면 또래끼리 ㅊ ㄱ ㄱ 을 느낄 수 있어서 좋은데.

친구들에게 외래어는 ㅅ ㅎ 해서 사용하도록 ㄱ ㅈ 하고, 신조어는 필요할 때만 적절하게 사용하자고 말해야겠어.

오늘의 어휘

● **과도(過 지날 과, 度 법도 도)하다**: 정도에 지나치다. 비슷한말 지나치다, 심하다

● **권장(勸 권할 권, 獎 장려할 장)하다**: 어떤 일을 하라고 권하고 북돋아 주다.

● **남용(濫 넘칠 남, 用 쓸 용)하다**: 일정한 기준이나 한도를 넘어서 함부로 쓰다.

● **순화(醇 진한 술 순, 化 될 화)하다**: 지나치게 어렵거나 규범에 맞지 않는 말, 외래어 등을 바르고 알기 쉽게 다듬다.

● **신조어(新 새로울 신, 造 지을 조, 語 말씀 어)**: 새로 생긴 말. 비슷한말 새말

● **심각(深 깊을 심, 刻 새길 각)하다**: 상태나 정도가 매우 심하거나 중대하다.

● **친근감(親 친할 친, 近 가까울 근, 感 느낄 감)**: 사귀어 지내는 사이가 아주 가까운 느낌. 비슷한말 친밀감

● **표기(表 겉 표, 記 기록할 기)하다**: 문자나 기호를 써서 말이나 생각을 적다.

1 다음 낱말의 뜻풀이에 들어갈 알맞은 낱말을 **보기**에서 찾아 쓰세요.

어휘
확인

> **보기**
>
> 말, 사이, 기준, 문자

(1) 신조어: 새로 생긴 ( ).

(2) 친근감: 사귀어 지내는 ( )이/가 아주 가까운 느낌.

(3) 표기하다: ( )(이)나 기호를 써서 말이나 생각을 적다.

(4) 남용하다: 일정한 ( )(이)나 한도를 넘어서 함부로 쓰다.

2 다음 낱말의 뜻으로 알맞은 것을 찾아 ○표 하세요.

어휘
확인

과도하다
  (1) 정도에 지나치다. ( )
  (2) 어떤 일을 하라고 권하고 북돋아 주다. ( )

심각하다
  (1) 상태나 정도가 매우 심하거나 중대하다. ( )
  (2) 지나치게 어렵거나 규범에 맞지 않는 말, 외래어 등을 바르고 알기 쉽게 다듬다. ( )

3 다음 글의 ㉠, ㉡에 들어갈 낱말이 모두 알맞은 것은 무엇인가요? ( )

어휘
적용

> 버스, 컴퓨터 같은 외래어는 외국에서 들어온 말이에요. 외래어를 한글로 (㉠) 할 때에는 들리는 대로 마음대로 쓰면 안 돼요. '쥬스, 써비스, 탤레비젼'은 잘못 적은 것이에요. 우리나라에서 정한 외래어 표기법에 따라 '주스, 서비스, 텔레비전'으로 써야 해요. 또 외래어를 대신할 다른 우리말이 있으면 (㉡)해서 쓰는 것이 좋아요. 일본에서 온 말인 '우동'을 '가락국수'로 바꾸어 표현하는 것처럼요.

	㉠	㉡		㉠	㉡		㉠	㉡
①	권장	순화	②	권장	표기	③	남용	순화
④	표기	순화	⑤	표기	심각			

4 다음 중 밑줄 친 낱말을 바르게 사용한 문장에 모두 ○표 하세요.

어휘
적용

(1) 현아는 용돈을 <u>남용해서</u> 모은 돈으로 자전거를 샀다. ( )

(2) 우리 학교는 건강을 위해 학생들에게 운동을 <u>권장한다</u>. ( )

(3) 진수는 같은 가수를 좋아하는 아영이에게 <u>친근감</u>을 느꼈다. ( )

(4) 지진으로 <u>심각한</u> 피해를 입은 지역에 도움의 손길이 이어졌다. ( )

5 다음 글의 밑줄 친 낱말과 바꾸어 쓸 수 있는 낱말을 모두 고르세요. (,)

어휘
확장

> 황 영감은 <u>과도하게</u> 욕심을 부리다가 결국 마을 사람들의 인심을 잃었다.

① 바쁘게   ② 심하게   ③ 뻔뻔하게   ④ 용감하게   ⑤ 지나치게

6 다음 글의 밑줄 친 낱말과 뜻이 비슷한 낱말에 ○표 하세요.

어휘
확장

> 시대가 변하고 사람들의 생활 모습이 달라지면 <u>신조어</u>가 생기기도 한다. 예를 들어 사이버 공간에서 활동하는 사람을 뜻하는 '누리꾼'은 예전에는 없는 말이었다. 인터넷이 발달함에 따라 새롭게 만들어진 말이다.

(반말, 새말, 도움말)

관용 표현

7 다음 대화에서 밑줄 친 한자 성어의 뜻으로 알맞은 것에 ○표 하세요.

> 미주: 엄마, 열공했더니 배고파요. 오저치고 해요. 세젤예 미주 소원이에요.
> 엄마: 뭐라고? 무슨 말인지 못 알아듣겠어.
> 미주: '열공'은 '열심히 공부', '오저치고'는 '오늘 저녁에 치킨 고(go)', '세젤예'는 '세상에서 제일 예쁜'이에요. 요즘 많이 쓰는 말인데 모르세요?
> 엄마: 하나도 모르겠구나. 그런 줄임 말들은 <u>금시초문</u>이야.
> 미주: 줄임 말을 사용해야 대화가 잘된다고요.
> 엄마: **과도한** 줄임 말은 오히려 대화를 방해한단다. 우리말을 바르게 쓰도록 해.

(1) 사실 그대로 말함. ( )

(2) 바로 지금 처음으로 들음. ( )

(3) 근거 없이 널리 퍼진 소문. ( )

(4) 물음과는 상관없는 엉뚱한 대답. ( )

독해로
어휘 마무리

오늘의
나의 실력은?   최고야 좋았어 힘내자

1주 2일
정답확인

[8~9] 다음 주장하는 글을 읽고, 물음에 답하세요.

일상생활에서 외래어와 외국어를 **남용하는** 현상이 (㉠   )합니다. 거리에는 외래어·외국어로 된 간판이 즐비하고◆, 방송 프로그램에서는 출연자들이 외국어를 **과도하게** 사용합니다. 우리도 평소에 '게스트, 리더십, 스커트, 댄스, 페스티벌' 등의 말을 흔히 씁니다. 이 말들은 각각 '손님, 지도력, 치마, 춤, 축제'로 바꾸어 써야 합니다.

▲ 거리의 외국어 간판

이렇게 외래어·외국어를 **순화하면** 이해하기 쉽습니다. 친구가 "고양이 키우기는 내 버킷 리스트 중 하나야."라고 말할 때 '버킷 리스트'를 '소망 목록'이라고 바꾸면 그 뜻을 더 쉽게 이해할 수 있습니다. 이와 같이 '무빙워크'는 '자동길', '워터 파크'는 '물놀이 공원', '챌린지'는 '도전 잇기'라고 하면 누구나 쉽게 알 수 있습니다.

사람들이 외래어·외국어 대신 우리말을 많이 사용하면 외래어·외국어는 설 자리를 잃게 됩니다. '홈페이지', '리플'보다 우리말로 다듬은 '누리집', '댓글'이 널리 쓰이는 것이 그 예입니다. 하지만 외래어·외국어를 (㉡   )하면 우리말이 점차 사라질 수 있습니다. 소중한 우리말을 지키기 위해 외래어·외국어 사용을 줄이고 쉬운 우리말로 다듬어 사용합시다.

◆ **즐비하고:** 빽빽하게 줄지어 늘어서 있고.

8 ㉠, ㉡에 들어갈 알맞은 낱말을 보기 에서 찾아 쓰세요.

보기
남용, 순화, 심각, 표기

(1) ㉠: (   )   (2) ㉡: (   )

9 외래어·외국어와 순화한 말이 잘못 짝 지어진 것은 무엇인가요? (   )

① 페스티벌 – 축제   ② 홈페이지 – 댓글
③ 무빙워크 – 자동길   ④ 워터 파크 – 물놀이 공원
⑤ 버킷 리스트 – 소망 목록

아름다운 우리말 ❸

✎ 다음 낱말의 뜻을 보고, 밑줄 친 낱말을 알맞게 사용하였으면 ○표, 잘못 사용하였으면 ✕표 하세요.

되살리다
「1」 죽거나 없어졌던 것을 다시 살리다. 「2」 세력이나 활력 등을 다시 찾게 하다.
예 시민들이 오염된 샛강의 생태계를 되살리기 위해 발벗고 나섰다.

이바지하다
어떤 일이나 대상이 잘되도록 도움을 주다.
예 많은 사람들이 어려운 이웃을 돕는 봉사 활동을 통해 사회에 이바지하고 있다.
비슷한말 기여하다

토(土 흙 토)박이말
한자어나 외래어가 섞이지 않은 순수한 한국어.
예 한자어인 '감기'를 토박이말로는 '고뿔'이라고 한다.
비슷한말 고유어, 순우리말

쪽빛
짙은 푸른빛.
예 쪽빛 한복이 무척 아름답다.
비슷한말 남빛, 남색

방언
(方 모 방, 言 말씀 언)
어느 한 지방에서만 쓰는, 표준어가 아닌 말.
예 주희는 평소에 표준어를 쓰다가 고향 사람들과 대화할 때는 고향의 방언을 사용한다.
비슷한말 사투리

맵시
아름답고 보기 좋은 모양새.
예 그는 친구의 결혼식에 맵시 있는 옷차림으로 나타났다.

터울
한 어머니가 낳은 자녀들의 나이 차이.
예 성준이는 두 살 터울의 동생과 친구처럼 사이좋게 지낸다.

실랑이
서로 자기주장을 고집하며 옳으니 그르니 하며 다투는 일.
예 아주머니가 물건 값을 깎아 달라고 가게 주인과 실랑이를 벌였다.
비슷한말 승강이

고집을 부리는 아이와 부모님이 한참 실랑이를 벌였어.

아인 ____

내 동생은 터울이 좋아서 처음 만난 사람과도 금방 친해져.

시아 ____

많은 봉사 단체들이 어려운 사람을 도우며 사회에 이바지하고 있어.

도윤 ____

1 다음 낱말의 뜻을 **보기** 에서 찾아 기호를 쓰세요.

어휘
확인

보기

ㄱ 아름답고 보기 좋은 모양새.

ㄴ 어느 한 지방에서만 쓰는, 표준어가 아닌 말.

ㄷ 한자어나 외래어가 섞이지 않은 순수한 한국어.

ㄹ 서로 자기주장을 고집하며 옳으니 그르니 하며 다투는 일.

(1) 맵시 …… (   )   (2) 방언 ……… (   )

(3) 실랑이 … (   )   (4) 토박이말 … (   )

2 다음 밑줄 친 낱말의 뜻에 알맞은 말을 찾아 ○표 하세요.

어휘
확인

(1)

쪽빛 바다에 하얀 돛단배가 떠 있다.

➜ 짙은 (붉은빛, 푸른빛).

(2)

우리 남매는 12살, 15살로 세 살 터울이다.

➜ 한 어머니가 낳은 자녀들의 (나이, 생김새) 차이.

(3)

이웃과 어울려 사는 우리의 전통문화를 되살려야 한다.

➜ 세력이나 활력 등을 다시 (잊게, 찾게) 해야.

3 다음 중 빈칸에 '맵시'가 들어가기에 알맞지 <u>않은</u> 문장을 찾아 기호를 쓰세요.

어휘
적용

ㄱ 걷기 운동은 바른 (   )로 하는 것이 중요하다.

ㄴ 한복의 (   )를 전 세계에 알리기 위한 한복 패션쇼가 열렸다.

ㄷ 멋쟁이이신 외할머니께서는 언제나 (   ) 있게 옷을 입으신다.

(   )

4 다음 중 밑줄 친 낱말을 잘못 사용한 문장은 무엇인가요? (   )

어휘
적용

① '혼저 옵서.'는 '어서 오십시오.'를 뜻하는 제주도 방언이다.
② 주은이는 일곱 살 터울의 동생을 유치원에 데려다 주었다.
③ 천수와 훈영이가 서로 자기 말이 맞다고 실랑이를 벌였다.
④ 강아지 삼 형제의 이름을 '하늘, 가을, 방울'이라고 토박이말로 지었다.
⑤ 은재는 할 일을 미루는 나쁜 습관을 되살려야겠다고 다짐하며 바로 숙제를 펼쳤다.

5 다음에서 뜻이 비슷한 낱말끼리 짝 지어진 것을 모두 찾아 기호를 쓰세요.

어휘
확장

┌───┐
│ ㉠ 방언 – 고유어   ㉡ 쪽빛 – 남색   ㉢ 실랑이 – 승강이   ㉣ 토박이말 – 한자어 │
└───┘

(,   )

6 다음 글의 밑줄 친 낱말과 바꾸어 쓸 수 있는 낱말에 ○표 하세요.

어휘
확장

최현배는 일제 강점기에 우리말과 글을 지키고 연구하는 데 힘썼다. 해방 뒤에는 한자 대신 한글로 쓴 교과서를 만들었다. 또 사람들의 언어생활에 남아 있던 일본어의 영향을 없애는 등 국어 연구와 국어 교육에 이바지하였다.

(기여하였다, 실망하였다, 참견하였다)

관용 표현
7 다음 글의 밑줄 친 한자 성어를 사용할 수 있는 상황으로 알맞은 것에 ○표 하세요.

'쪽'은 푸른 물감을 만드는 풀이다. 쪽의 잎을 찧어 물에 담가 놓으면 짙은 푸른 물이 나오는데, 옛날에는 이 물을 이용해 옷감을 **쪽빛**으로 물들였다. '청출어람'은 쪽에서 뽑아낸 푸른 물감이 쪽보다 더 푸르다는 뜻으로, 제자나 후배가 스승이나 선배보다 나음을 빗대어 이르는 말이다.

▲ 쪽 염색 천

(1) 춤을 잘 추는 선아는 노래도 잘 부르고 그림도 잘 그린다.   (   )
(2) 할아버지께 장기를 배운 지훈이가 할아버지와 장기를 둬서 이겼다.   (   )
(3) 엄마는 내가 늦잠을 자면 아침잠이 많은 것이 아빠와 똑같다고 하신다.   (   )

[8~9] 다음 글을 읽고, 물음에 답하세요.

"우리말과 글에는 민족의 정신이 있다!"

일본에 나라를 빼앗긴 1911년, 주시경과 제자들은 민족정신을 **되살리고** 지키기 위해 최초의 국어사전『말모이』편찬을 시작했다. '말모이'는 말을 모은다는 뜻으로, 주시경과 제자들은 사전에 실을 낱말들을 조사하고 원고를 만들었다. 그런데 1914년에 주시경이 갑자기 세상을 떠나자 사전 편찬 작업은 중단되고 말았다.

그 당시 일본은 우리말과 글을 없애려고 일본말을 쓰도록 했다. 이에 국어학자들은『말모이』원고를 바탕으로 다시금 국어사전을 만들기 위해 힘을 모았다. 1929년 조선어 사전 편찬회를 만들고 전국적으로 우리말 모으기에 나섰다. 예로부터 써 온 **토박이말**, 지역의 문화를 보여 주는 ㉠**방언**, 옛말 등을 수집했다. 우리말을 모은다는 소식에 전국 각지에서 자신이 사는 지역의 사투리를 자세히 적은 편지를 보냈다. 국어학자들은 이렇게 모은 수많은 말의 뜻을 풀이하고 분석하여 정리했다.

일본의 감시와 탄압이 더욱 심해지면서 사전 편찬 작업은 순조롭게 진행되지 못했다. 빼앗긴 나라를 되찾고 나서 1957년에 드디어 16만 4125개의 우리말 어휘가 실린『큰사전』6권이 세상에 나왔다. 주시경과 제자들이『말모이』편찬 사업을 시작한 지 47년 만의 일이었다.

◆**편찬:** 여러 가지 자료를 모아 체계적으로 정리하여 책을 만듦.
◆**원고:** 인쇄하거나 발표하기 위하여 쓴 글이나 그림.
◆**탄압:** 권력이나 무력 등으로 억지로 눌러 꼼짝 못 하게 함.

8 이 글의 내용에 맞게 일이 일어난 차례대로 기호를 쓰세요.

> ㉮ 전국 각지에서 지역의 사투리를 자세히 적은 편지를 보냈다.
> ㉯ 16만여 개의 우리말 어휘가 실린『큰사전』6권이 편찬되었다.
> ㉰ 국어학자들이 조선어사전편찬회를 만들고 우리말 모으기에 나섰다.
> ㉱ 주시경과 제자들이 민족정신을 되살리고 지키기 위해『말모이』편찬을 시작했다.

(   ) → (   ) → (   ) → (   )

9 ㉠과 뜻이 비슷한 낱말을 이 글에서 찾아 쓰세요.

(   )

아름다운 우리말 ④

✏️ 다음 낱말이 사용된 상황을 보고, 뜻에 맞는 낱말을 써넣어 사전을 완성하세요.

어휘 사전

① ㄴ ㅈ ㅅ : 드러나지 않게 가만히.

비슷한말 슬며시

② ㄷ ㅅ ㄱ ㅇ : 고개를 조금 숙이고 온순한 태도로 말이 없이.

③ ㄷ ㅁ ㅈ : 아무리 해도.

비슷한말 도통

④ ㅁ ㄹ (無 없을 무, 慮 생각할 려): 생각한 것보다 그 수나 양이 많게.

⑤ ㅅ ㅈ ㅇ (甚 심할 심, 至 이를 지, 於 어조사 어): 더욱 심하다 못해 나중에는.

⑥ ㅇ ㅇ (儼 공경할 엄, 然 그럴 연)히
: 어떠한 사실이나 현상이 누구도 부정할 수 없을 만큼 분명하게.

⑦ ㅇ ㄷ ㅋ ㄴ : 넋이 나간 듯이 가만히 한자리에 서 있거나 앉아 있는 모양.

⑧ ㅍ ㅍ ㅎ : 「1」 줄 등이 조금도 늘어지지 않고 힘껏 당겨져 있게. 「2」 둘의 힘이 서로 엇비슷하게.

1 다음 낱말의 뜻에 알맞게 선으로 이으세요.

어휘
확인

(1) 무려 •

(2) 넌지시 •

(3) 심지어 •

• ㉮ 드러나지 않게 가만히.

• ㉯ 더욱 심하다 못해 나중에는.

• ㉰ 생각한 것보다 그 수나 양이 많게.

2 다음 낱말의 뜻에 알맞은 낱말을 찾아 ○표 하세요.

어휘
확인

(1) 아무리 해도.　　　　　　　　　　　　　　　　(도무지, 요컨대)

(2) 줄 등이 조금도 늘어지지 않고 힘껏 당겨져 있게.　　(엄연히, 팽팽히)

(3) 고개를 조금 숙이고 온순한 태도로 말이 없이.　　(다소곳이, 우두커니)

3 다음 문장에 어울리는 낱말을 보기 에서 찾아 빈칸에 쓰세요.

어휘
적용

보기

넌지시, 심지어, 엄연히, 다소곳이

(1) 향이는 (　　　　　　　　　　) 앉아 부모님의 말씀을 들었다.

(2) 게임 속 '나'의 캐릭터와 현실의 '나'는 (　　　　　　　) 다르다.

(3) 큰 태풍으로 인해 창문이 흔들리고 (　　　　　　　) 어떤 창문들은 깨지기도 했다.

(4) 할아버지께서 지민이의 손에 만 원짜리 지폐 한 장을 (　　　　　　　) 쥐어 주셨다.

4 다음 중 밑줄 친 낱말을 알맞게 사용한 친구에게 모두 ○표 하세요.

어휘
적용

(1) 미래: 친구가 나한테 화가 난 까닭을 <u>도무지</u> 모르겠어.   (   )

(2) 선우: 오늘 아침에 지각을 하지 않으려고 <u>우두커니</u> 뛰어갔어.   (   )

(3) 경민: 시험을 망친 줄 알았는데 <u>무려</u> 두 과목이나 백 점을 맞았어.   (   )

5 다음 글의 밑줄 친 낱말과 뜻이 비슷한 낱말은 무엇인가요? (   )

어휘
확장

다인이가 독서하고 있는 석호에게 <u>넌지시</u> 초콜릿을 건넸다.

① 듬뿍   ② 갑자기   ③ 멋대로   ④ 번번이   ⑤ 슬며시

6 다음 문장의 밑줄 친 낱말의 뜻을 보기 에서 찾아 기호를 쓰세요.

어휘
확장

보기

㉠ 둘의 힘이 서로 엇비슷하게.
㉡ 줄 등이 조금도 늘어지지 않고 힘껏 당겨져 있게.

(1) 종이컵으로 만든 실 전화기의 실을 <u>팽팽히</u> 당기면 말소리가 잘 들린다.
     (   )

(2) 토론회에서 교복 착용에 반대하는 의견과 찬성하는 의견이 <u>팽팽히</u> 맞섰다.
     (   )

관용 표현

7 다음 글의 빈칸에 들어갈 관용어로 알맞은 것에 ○표 하세요.

신라 시대에 박제상은 일본에 잡혀간 왕의 동생을 구하러 일본으로 갔다. 박제상은 왕의 동생을 무사히 신라로 탈출시켰으나 자신은 붙잡혀 죽임을 당했다. 박제상의 아내는 일본으로 떠난 남편을 (   ). 날마다 바다가 보이는 산에 올라가 멀리 일본 땅을 바라보며 **우두커니** 서 있었다. 돌아오지 않는 남편을 기다리다 아내는 지쳐 죽었고, 그 자리에서 돌이 되었다는 이야기가 전해 온다.

(1) 코를 납작하게 만들었다: 기를 죽였다.   (   )

(2) 등을 떠밀었다: 일을 억지로 시키거나 부추겼다.   (   )

(3) 눈이 빠지게 기다렸다: 몹시 애타게 오랫동안 기다렸다.   (   )

독해로
어휘 마무리

오늘의
나의 실력은? 최고야 좋았어 힘내자

1주 4일
정답확인

[8~9] 다음 인터넷 상담실의 글을 읽고, 물음에 답하세요.

> **Q 질문**   안녕하세요? 저는 초등학교 5학년 남학생입니다. 저는 키가 작아서 고민입니다. 인터넷에서 5학년 남자 평균 키를 찾아보니 145cm인데 저는 140cm예요. 우리 반 친구들은 모두 저보다 키가 커요. (㉠) 160cm가 넘는 친구도 있어요. 키가 작으니 자신감도 떨어지는 것 같아요. 키 큰 친구와 어울리면 주눅이 들고 **심지어** 친구들이 운동장에 축구 하러 나갈 때 혼자 교실에 (㉡) 앉아 있는 날도 있어요. 어떻게 하면 키가 클 수 있을까요?
>
> **A 답변**   작은 키 때문에 걱정이 많군요. 그런데 키가 작다고 해서 주눅이 들 필요는 없고, 사람마다 성장하는 시기가 다르니 너무 걱정하지 않아도 될 것 같아요.
>
>   키가 크고 싶은 학생을 위해 우선은 키 크는 방법을 알려 줄게요. 우리 몸에서 키를 크게 하는 성장 호르몬은 주로 잠잘 때와 운동을 할 때 나온다고 해요. 그러니 규칙적으로 운동을 하고 잠을 충분히 자는 것이 중요해요. 또한 생선, 우유, 콩, 채소와 같은 음식을 골고루 먹는 것이 좋아요.
>
>   하지만 키가 작다고 해서 다른 친구들이 해내는 것을 못하는 것이 아니에요. 키는 그저 겉모습일 뿐이에요. 항상 자신감 있고 당당한 모습으로 생활하다 보면, 못할 것이 없다는 것을 알 수 있을 거예요. '작은 고추가 맵다'라는 말이 있죠? 키는 작아도 노력과 재능으로 훌륭한 일을 해낸 사람들이 많아요. 무엇보다 중요한 것은 자신의 모습을 사랑하고, 내면을 키우기 위해 노력하는 것이에요.
>
> ◆ **성장하는:** 사람이나 동식물 등이 자라서 점점 커지는.

8 ㉠, ㉡에 들어갈 낱말이 모두 알맞은 것에 ○표 하세요.

(1) ㉠: 무려, ㉡: 엄연히 ········ (   )   (2) ㉠: 무려, ㉡: 우두커니 ······ (   )

(3) ㉠: 넌지시, ㉡: 팽팽히 ······ (   )   (4) ㉠: 도무지, ㉡: 다소곳이 ··· (   )

9 이 글의 내용으로 알맞은 것에 모두 ○표 하세요.

(1) 질문 글을 쓴 학생은 키가 작아서 고민이다.   (   )

(2) 답변 글을 쓴 사람은 키 크는 방법에 대해 알려 주었다.   (   )

(3) 답변 글을 쓴 사람은 자기도 작은 키 때문에 걱정이 많다고 했다.   (   )

(4) 질문 글을 쓴 학생은 키 큰 친구와 잘 어울리는 방법을 알고 싶어 한다.   (   )

아름다운 우리말

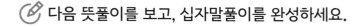

✏️ 다음 뜻풀이를 보고, 십자말풀이를 완성하세요.

➡️ 가로

2 말하거나 듣거나 쓰거나 읽거나 하는, 말과 관련된 생활.

4 상태나 정도가 매우 심하거나 중대하다.

5 새로 생긴 말.

7 어떤 일이나 대상이 잘되도록 도움을 주다.

8 드러나지 않게 가만히.

⬇️ 세로

1 어느 한 지방에서만 쓰는, 표준어가 아닌 말.

3 자신의 말이나 행동에 대해 잘못이나 부족함이 없는지 돌이켜 보다.

4 더욱 심하다 못해 나중에는.

6 고개를 조금 숙이고 온순한 태도로 말이 없이.

9 아름답고 보기 좋은 모양새.

[1~2] 다음 글의 밑줄 친 낱말과 바꾸어 쓸 수 있는 낱말을 찾아 ✓표 하세요.

1

사물을 높이는 표현은 우리말 규칙에 맞지 않는다. "찌개가 뜨거우시니 조심하세요.", "화장실은 저쪽에 있으십니다.", "커피 한 잔 나오셨습니다." 등은 찌개, 화장실, 커피를 높여 잘못 표현한 <u>사례</u>이다. 각각 '뜨거우니', '있습니다', '나왔습니다'로 고쳐 말해야 한다.

① 근거   ② 기호   ③ 사실   ④ 실례   ⑤ 차례

2

방언과 표준어를 각각 언제 사용할까? 고향에 계신 부모님과 통화할 때, 고향 친구를 만났을 때는 방언을 쓰면 좋다. 같은 지방 사람들끼리 <u>친근감</u>을 느낄 수 있기 때문이다. 신문, 방송에서 소식을 전하거나 여러 사람을 대상으로 말하는 공식적인 상황에서는 표준어를 쓴다.

① 배신감   ② 실망감   ③ 자신감   ④ 책임감   ⑤ 친밀감

[3~4] 다음 관계의 두 낱말을 찾아 기호를 쓰세요.

3

나영이는 이번 겨울 방학 때의 생활 목표를 공책에 적어 보았다.
• 늦잠을 자지 않고 ㉠<u>규칙적</u>인 생활을 한다.
• ㉡<u>수동적</u>인 자세에서 벗어나 스스로 공부한다.
• 독서 계획을 ㉢<u>구체적</u>으로 세워 실천하고, ㉣<u>감동적</u>인 영화를 열 편 본다.
• 엄마가 말씀하시기 전에 집안일을 ㉤<u>능동적</u>으로 돕는다.

• 뜻이 반대인 낱말: ☐ ↔ ☐

4

'싱글벙글떡'(떡집), '사각사각'(과일 가게), '꽃으로 물들다'(꽃집). ○○시가 지난 9일, '아름다운 ㉠<u>토박이말</u> 가게 이름'을 발표했다. ○○시는 해마다 ㉡<u>우리말</u>의 아름다움을 느끼게 해 주는 간판을 찾아 발표한다. ○○시 관계자는 거리의 간판이 대부분 ㉢<u>외래어</u>와 ㉣<u>한자어</u>이고, 영어로만 적힌 것도 많아 안타깝다고 하면서 "쉽고 아름다운 ㉤<u>고유어</u> 간판이 많아졌으면 좋겠다."라고 말했다.

• 뜻이 비슷한 낱말: ☐ — ☐

5

　　한글 맞춤법이란 우리말을 한글로 [권장하는 | 표기하는 | 훼손하는] 규칙을 말해요. 글을 쓸 때는 한글 맞춤법에 맞게 써야 하는데 헷갈리는 말들이 있어요.

　　몇 가지 예를 들어 볼게요. 잘 때 베고 자는 물건은 '배게'가 아니라 '베개'이고, 아무것도 가진 것이 없는 사람은 '빈털털이'가 아니고 '빈털터리'예요. 몸을 오그려 작아지게 하는 것은 '움추리다'가 아니고 '움츠리다'예요. 그럼, 겨드랑이에서 나는 땀은 어떻게 써야 할까요? '겨땀'이라고요? 아니에요. '곁땀'이 맞는 표기랍니다.

6

　　사회가 빠르게 변화하면서 [세대 | 실태 | 터울] 간 언어가 달라지고 있다. 10대, 20대는 온라인 공간에서 만들어지는 신조어를 많이 사용하는데, 40대, 50대는 그 말을 모르는 경우가 많다. 이 때문에 자녀와 부모가 대화할 때 의사소통이 잘 안되는 일이 생기기도 한다. 언어 차이로 생기는 갈등을 줄이기 위한 노력이 필요하다.

[7~8] 다음 글의 밑줄 친 낱말을 넣어 문장을 만들어 쓰세요.

　　엄마, 아빠와 불꽃 축제를 보러 갔다. 사람이 무척 많았다. 안전 요원들이 사람들이 안전하게 불꽃놀이를 볼 수 있도록 여러 시설을 점검하고 있었다. 깜깜해지자 화려한 불꽃이 밤하늘을 수놓았다. 펑! 펑! 펑! 연달아 터지는 불꽃들이 아름다웠다. 집에 돌아오니 뉴스에 불꽃 축제 소식이 나왔다. 불꽃 축제에 무려 십만 명이 넘는 사람들이 왔다고 했다. 우리 가족을 포함해 수많은 사람이 멋진 불꽃 축제를 즐긴 하루였다.

7　　**점검하다** : 낱낱이 검사하다.

_____

8　　**무려** : 생각한 것보다 그 수나 양이 많게.

_____

한 걸음 더!

오늘의
나의 실력은?

최고야 　 좋았어 　 힘내자

1주 5일
정답확인

○ '言'(언)이 들어간 낱말은 '말, 의견'과 관련 있어요. '言'(언)이 들어간 낱말을 알아보아요.

조언

말로 거들거나 깨우쳐 주어서 도움.
또는 그 말.

수학을 잘하려면…….

유언

죽음에 이르러 말을 남김.
또는 그 말.

너희 엄마 곁에 묻어다오.

言
말씀 언

언쟁

말로 옳고 그름을
가리는 다툼.

언어

생각이나 느낌 등을 나타내거나
전달하는 음성이나 문자 등의 수단.

안녕? 　 hello

Q 다음 문장에 알맞은 낱말을 찾아 ○표 하세요.

(1) 주영이와 선호는 목소리를 높이며 (언쟁, 유언)을 벌였다.

(2) 재이는 할머니 생신 선물로 무엇을 드리면 좋을지 엄마에게 (유언, 조언)을 구했다.

(3) 해외여행 중 다른 나라 사람들과 소통하기 위해 그 나라의 (언어, 조언)을/를 공부했다.

여러 가지 말 ❶

✏️ 다음 낱말이 사용된 상황을 보고, 뜻에 맞는 낱말을 써넣어 사전을 완성하세요.

양반인 아버지와 미천한 신분의 어머니 사이에서 태어나 벼슬길에 오를 수 없는 몸.

사소하지만 내가 가진 재주로 백성을 도와야겠다.

흉년이 들어 땅이 황폐하니 관아의 창고를 열어 곡식을 나누어 주자!

이렇게 많은 백성을 굶주림에서 구하다니, 정말 경이롭습니다.

못된 벼슬아치의 재물을 훔쳐 가난한 백성에게 돌려주자!

참으로 비범한 재주로군요!

홍길동을 잡을 가능성은 희박한 것이냐?

워낙 치밀하고 기술이 정교하여 잡기가 어렵습니다.

어휘 사전

❶ ㄱ ㅇ (驚 놀랄 경, 異 다를 이)**롭다**
: 놀랍고 신기한 데가 있다.
비슷한말 놀랍다, 신기하다

❷ ㅁ ㅊ (微 작을 미, 賤 천할 천)**하다**
: 신분이나 지위 등이 하찮고 천하다.
비슷한말 비천하다   반대말 존귀하다

❸ ㅂ ㅂ (非 아닐 비, 凡 무릇 범)**하다**
: 보통 수준보다 훨씬 뛰어나다.
반대말 평범하다

❹ ㅅ ㅅ (些 적을 사, 少 적을 소)**하다**
: 보잘것없이 작거나 적다.

❺ ㅈ ㄱ (精 찧을 정, 巧 교묘할 교)**하다**
: 솜씨나 기술 등이 빈틈이 없이 자세하고 뛰어나다.

❻ ㅊ ㅁ (緻 빽빽할 치, 密 빽빽할 밀)**하다**
: 성격이나 계획 등이 자세하고 꼼꼼하다.

❼ ㅎ ㅂ (稀 드물 희, 薄 얇을 박)**하다**
: 어떤 일이 이루어질 가능성이 적다.

❽ ㅎ ㅍ (荒 거칠 황, 廢 폐할 폐)**하다**
: 집, 땅, 숲 등이 거칠어져 못 쓰게 되다.

1 다음 낱말의 뜻에 알맞은 말을 찾아 ○표 하세요.

어휘
확인

(1) 희박하다 　　어떤 일이 이루어질 가능성이 (크다, 적다).

(2) 비범하다 　　보통 수준보다 훨씬 (뛰어나다, 뒤떨어지다).

(3) 치밀하다 　　성격이나 계획 등이 자세하고 (급하다, 꼼꼼하다).

2 다음 낱말의 뜻에 알맞게 선으로 이으세요.

어휘
확인

(1) 경이롭다 · 　　· ㉮ 　보잘것없이 작거나 적다.

(2) 사소하다 · 　　· ㉯ 　놀랍고 신기한 데가 있다.

(3) 황폐하다 · 　　· ㉰ 　집, 땅, 숲 등이 거칠어져 못 쓰게 되다.

3 다음 문장에 어울리는 낱말을 보기 에서 찾아 빈칸에 쓰세요.

어휘
적용

보기
사소한, 정교한, 황폐한

(1) 조각가가 (　　　　　　　　) 솜씨로 돌에 사람의 모습을 새겼다.
(2) 서우와 진경이는 별일 아닌 (　　　　　　　　) 일로 티격태격 다투었다.
(3) 농부는 (　　　　　　　　) 땅을 열심히 일구어 농사지을 수 있는 땅으로 만들었다.

4 다음 글의 (　　)에서 알맞은 낱말을 찾아 ○표 하세요.

어휘
적용

　　○○고등학교가 전국 고교 야구 대회에서 우승을 차지했습니다. 대부분의 야구 관계자들은 ○○고등학교가 이번 대회에서 우승할 가능성이 (황폐하다고, 희박하다고) 예상했습니다. 하지만 김△△ 감독은 경기마다 상대팀의 약점을 파악하고 (사소하게, 치밀하게) 작전을 세워 ○○고등학교의 우승을 이끌었습니다.

5

어휘
확장

다음 글의 밑줄 친 낱말과 바꾸어 쓸 수 있는 낱말에 ○표 하세요.

> 칠흑 같은 밤하늘에 수많은 별들이 쏟아질 듯 빛나고 있었다. 나는 그 경이로운 풍경을 넋을 잃고 바라보았다.

(1) 고요한 (　　　　)　　　　(2) 놀라운 (　　　　)　　　　(3) 새로운 (　　　　)

6

어휘
확장

다음 글의 밑줄 친 낱말과 뜻이 반대인 낱말은 무엇인가요? (　　　　)

> 『삼국사기』에는 평강 공주와 온달의 이야기가 실려 있다. 고구려 평원왕의 딸인 평강 공주가 미천한 온달과 결혼해 온달에게 무예와 학문을 가르쳤다. 온달은 훌륭한 장수가 되어 고구려를 침략한 외적을 물리쳤다.

① 뛰어난　　　② 부족한　　　③ 존귀한　　　④ 희귀한　　　⑤ 지혜로운

관용 표현

7

다음 글의 빈칸에 들어갈 한자 성어로 알맞은 것에 ○표 하세요.

> 사회자: 심사위원장께서 백일장의 장원을 발표하겠습니다.
> 심사위원장: 먼저, 백일장에 참가해 좋은 시를 써 준 어린이들에게 감사 인사를 전합니다. 올해의 장원은 김주원 학생의 「파랑새」입니다. 이 시는 순수한 어린이의 눈으로 행복에 대한 질문을 던지는데, (　　　　　　)(이)라고 할 정도로 단연 돋보이는 작품이었습니다. 시 쓰기에 **비범한** 재능을 보여 준 김주원 학생의 앞날이 기대됩니다.
>
> ◆**장원**: 글을 제일 잘 지어 성적이 첫째임. 또는 그런 사람.

(1) 죽마고우(竹馬故友): 어릴 때부터 같이 놀며 자란 벗.　　　　　　　　　　(　　　　)

(2) 군계일학(群鷄一鶴): 많은 사람 가운데서 뛰어난 인물을 이르는 말.　　　(　　　　)

(3) 독불장군(獨不將軍): 무슨 일이든 자기 생각대로 혼자서 처리하는 사람.　(　　　　)

[8~9] 다음 전기문을 읽고, 물음에 답하세요.

장영실은 조선 최고의 과학 기술자이다. 장영실은 중국 원나라의 기술자인 아버지와 관가의 기생인 어머니 사이에서 태어났다. 장영실은 어려서부터 총명하고 손재주가 뛰어났다. 쇠를 다루고 기구를 만드는 솜씨가 **정교하여** 조정에까지 알려졌다. 장영실은 궁궐의 기술자로 뽑혀 일하면서 실력을 인정받았다.

임금 세종은 장영실을 남달리 아꼈다. 비록 (㉠) 노비였지만 장영실이 (㉡) 인재임을 알아보았다. 어느 날 세종이 장영실을 불러 말했다.

"조선의 하늘을 관측할 천문 기구를 만들어라."

그 당시에는 별의 위치와 움직임을 통해 시간과 절기를 알아보았다. 시간과 절기는 백성들의 생활과 농사에 중요했지만 조선의 과학 기술로는 정확한 시계와 달력을 만들 수 없었다. 세종은 장영실을 중국으로 보내 앞선 천문 관측 기술을 배워 오게 했다.

1년여 뒤 장영실이 중국에서 돌아왔다. 세종은 신하들의 거센 반대를 물리치고 장영실에게 벼슬을 내렸다. 노비 신분에서 벗어난 장영실은 세종의 뜻을 받들어 열심히 천문학 연구를 하였다. 그리고 하루의 시간을 정확히 재서 알릴 수 있는 물시계를 만드는 데 힘을 쏟았다.

1434년, 드디어 자동으로 시간을 알려 주는 물시계인 자격루가 완성됐다. 이 밖에도 장영실은 천문학자들과 함께 많은 천문 기구를 제작하여 조선의 과학 기술 발달에 크게 이바지했다.

◆ **조정**: 임금과 신하들이 나라의 정치를 의논하고 정하는 곳.
◆ **천문**: 우주 전체의 운동과 변화.
◆ **절기**: 일 년을 스물넷으로 나누어 정한 계절의 구분.

8 장영실이 한 일로 알맞은 것에 모두 ○표 하세요.

(1) 하루의 시간을 정확히 재서 알려 주는 자격루를 만들었다. ( )

(2) 중국에서 농사 기술을 배워 와서 백성들에게 가르쳐 주었다. ( )

(3) 여러 천문 기구를 제작하여 조선의 과학 기술 발달에 이바지했다. ( )

9 ㉠, ㉡에 들어갈 알맞은 낱말을 보기 에서 찾아 쓰세요.

보기

미천한, 비범한, 사소한, 황폐한

(1) ㉠: ( ) (2) ㉡: ( )

여러 가지 말 ②

✏️ 다음 낱말의 뜻을 보고, 초성에 알맞은 낱말을 써넣어 대화를 완성하세요.

책을 읽고 감동한 기색이 [ㅇ][ㄹ]하네. 무슨 내용이야?

주인공이 [ㅇ][ㄷ]한 현실 속에서도 포기하지 않고, [ㄷ][ㅎ]한 의지로 독립운동을 하는 내용이야.

우아, [ㅅ][ㅅ]한 내용이 궁금한데. 나도 읽어 봐야지.

너는 어떤 책을 읽었어?

나는 냄새에 대한 책을 읽었어. 표지 그림이 [ㅌ][ㅇ]해서 골랐는데, 내용이 정말 [ㅇ][ㅇ]하더라고. 이 책을 읽고 여기 도서관의 [ㅇ][ㅇ]한 냄새가 내 마음을 [ㅍ][ㅇ]하게 해 준다는 걸 알았어.

오늘의 어휘

● **단호**(斷 끊을 단, 乎 어조사 호)**하다**: 결심이나 태도, 입장 등이 흔들림이 없이 엄격하고 분명하다.

● **상세**(詳 자세할 상, 細 가늘 세)**하다**: 낱낱이 자세하다.　비슷한말 세세하다

● **암담**(暗 어두울 암, 澹 물 맑을 담)**하다**: 희망이 없고 절망적이다.

● **역력**(歷 지낼 역, 歷 지낼 력)**하다**: 자취나 낌새, 기억 등이 환히 알 수 있게 또렷하다.
　비슷한말 뚜렷하다

● **유익**(有 있을 유, 益 더할 익)**하다**: 이롭거나 도움이 될 만한 것이 있다.
　반대말 무익하다

● **은은**(隱 숨을 은, 隱 숨을 은)**하다**: 냄새가 진하지 않고 그윽하다.

● **특이**(特 특별할 특, 異 다를 이)**하다**: 보통 것이나 보통 상태에 비해 두드러지게 다르다.
　비슷한말 독특하다

● **평온**(平 평평할 평, 穩 평온할 온)**하다**: 평화롭고 조용하다.

1 다음 뜻에 알맞은 낱말을 **보기**에서 찾아 기호를 쓰세요.

어휘
확인

보기

⊙ 역력하다   ⊙ 암담하다   ⊙ 단호하다

(1) 희망이 없고 절망적이다. ( )
(2) 자취나 낌새, 기억 등이 환히 알 수 있게 또렷하다. ( )
(3) 결심이나 태도, 입장 등이 흔들림이 없이 엄격하고 분명하다. ( )

2 다음 밑줄 친 낱말의 뜻에 알맞은 말을 찾아 ○표 하세요.

어휘
확인

(1)

연우의 머리에서 은은한 샴푸 향이 났다.

➡ 냄새가 (진하고, 진하지 않고) 그윽한.

(2)

이 책에는 요리할 때 필요한 유익한 정보가 많다.

➡ 이롭거나 (도움, 즐거움)이 될 만한 것이 있는.

(3)

파리지옥은 벌레를 잡아먹는 특이한 식물이다.

➡ 보통 것이나 보통 상태에 비해 두드러지게 (다른, 아름다운).

3 다음 중 밑줄 친 낱말을 알맞게 사용한 친구에게 모두 ○표 하세요.

어휘
적용

(1) 태준: 음식물 쓰레기에서 은은한 냄새가 나서 코를 싸쥐었어. ( )
(2) 시윤: 숙제를 도와달라고 부탁했는데 언니가 단호하게 거절했어. ( )
(3) 은결: 전쟁이 난 나라의 국민들은 무섭고 암담할 것 같아. 모든 전쟁이 끝나면 좋겠어.
( )

4 다음 중 빈칸에 '평온'이 들어가기에 알맞은 문장을 찾아 기호를 쓰세요.

어휘
적용

⊙ 내일 비가 와서 체험 학습이 취소될까 봐 ( )했다.
⊙ 맑은 공기를 마시며 숲속을 걸으니 마음이 ( )하다.
⊙ 소방관이 사람을 구하러 ( )하게 불길 속으로 뛰어들었다.

( )

5 다음 밑줄 친 낱말과 뜻이 비슷한 낱말을 찾아 선으로 이으세요.

어휘
확장

(1) 보드게임 설명서가 <u>상세하다</u>. •

• ㉮ 독특하다

(2) 그는 목소리와 말투가 <u>특이하다</u>. •

• ㉯ 세세하다

6 다음 대화에서 밑줄 친 낱말과 바꾸어 쓸 수 있는 낱말에 ○표 하세요.

어휘
확장

아빠: 진솔아, 요즘 엄마 얼굴에 피곤한 기색이 <u>역력해</u>.
진솔: 엄마가 회사일이 많이 바쁘신가 봐요.
아빠: 아빠가 집안일을 좀 더 많이 할 테니 너도 도와주렴.

✦ **기색**: 마음의 작용으로 얼굴에 드러나는 빛.

(뚜렷해, 적당해, 희미해)

관용 표현

7 다음 글의 내용에 어울리는 속담으로 알맞은 것에 ○표 하세요.

"유나야, 같이 등산하고 오지 않을래?"
오빠가 말했다. 유나는 소파에 앉아 스마트폰으로 재미있는 영상을 보던 중이었다. 그래서 오빠의 말을 **단호하게** 거절했다. 그러자 오빠가 다시 말했다.
"어제도 하루 종일 스마트폰만 보고 있었잖아. 네가 시간을 보람 있게 쓰면 좋겠어."
유나는 기분이 상했다. 그런데 가만히 앉아 생각해 보니 오빠의 말이 맞았다. 그동안 스마트폰에 빠져 헛되이 흘려보낸 시간이 무척 많았다. 유나는 앞으로 시간을 **유익하게** 보내야겠다고 다짐했다. 충고를 해 준 오빠에게 고마운 마음이 들었다.

(1) 똥 묻은 개가 겨 묻은 개 나무란다: 자기는 더 큰 흉이 있으면서 도리어 남의 작은 흉을 본다는 말. ( )

(2) 꼬리가 길면 밟힌다: 나쁜 일을 아무리 남모르게 한다고 해도 오래 두고 여러 번 계속하면 결국에는 들키고 만다는 것을 이르는 말. ( )

(3) 입에 쓴 약이 병에는 좋다: 자기에 대한 충고나 비판이 당장은 듣기에 좋지 않지만 그것을 달게 받아들이면 자신에게 이로움을 이르는 말. ( )

독해로
어휘 마무리

오늘의
나의 실력은?

최고야 좋았어 힘내자

2주 2일
정답확인

[8~9] 다음 글을 읽고, 물음에 답하세요.

나는 수건으로 얼굴을 닦을 때 수건에서 **은은한** 향이 나면 기분이 좋아져. 또 구수한 된장찌개 냄새를 맡으면 우리 할머니 생각이 나. 할머니 댁에 가면 늘 된장찌개를 맛있게 끓여 주시거든. 아마 너희도 나랑 비슷한 경험이 있을 거야. 이렇게 냄새를 맡으면 그 냄새에 따라 바로 어떤 생각이나 감정이 드는 건 왜일까?

냄새를 맡는 감각인 후각은 대뇌에 직접 전달돼. 시각이나 청각 등이 뇌의 다른 부위를 거쳐 전달되는 것과 달라. 그리고 후각을 담당하는 뇌 부위는 감정과 기억을 처리하는 뇌 부위에 위치해. 그래서 후각은 우리의 감정, 기억과 연결되는 거야.

사람은 1만 가지 이상의 냄새를 맡을 수 있어. 그중엔 좋은 냄새도 있고 나쁜 냄새도 있지. 특히 꽃, 과일, 나뭇잎 등 자연에서 가져오는 천연 향은 기분을 좋게 하고 마음을 (㉠   ) 해 준단다.

이러한 향의 효과를 어떻게 이용하면 좋을까? 어떤 치과에서는 치과 치료에 대한 두려움을 줄이려고 대기실에 진정 효과가 있는 향을 풍기게 한대. 또 어떤 꽃 향은 불안을 없애고 잠이 드는 데 도움을 줘서 불면증이 있는 사람에게 사용하기도 해.

이처럼 냄새는 사람의 감정과 행동에 영향을 미쳐. 그래서 여러 분야에서 냄새를 (㉡   ) 이용하고 있단다.

◆ **진정:** 몹시 흥분된 감정이나 아픔 등을 가라앉힘.
◆ **불면증:** 밤에 잠을 자지 못하는 증상.

8 이 글의 내용과 관련 있는 경험을 <u>잘못</u> 말한 친구의 이름을 쓰세요.

> 세연: 나는 장미향이 나는 샴푸를 쓰면 기분이 좋아져.
> 경민: 감기에 걸렸을 때 코가 막히고 음식 맛을 잘 못 느꼈어.
> 범진: 예방 주사를 맞으러 간 병원에서 좋은 냄새가 나서 마음이 조금 편안해졌어.

(   )

9 ㉠, ㉡에 들어갈 낱말이 모두 알맞은 것에 ○표 하세요.

(1) ㉠: 상세하게, ㉡: 단호하게 (   )   (2) ㉠: 암담하게, ㉡: 유익하게 (   )

(3) ㉠: 특이하게, ㉡: 평온하게 (   )   (4) ㉠: 평온하게, ㉡: 유익하게 (   )

여러 가지 말 ❸

✎ 다음 낱말의 뜻을 보고, 말풍선에서 알맞은 낱말을 찾아 ○표 하세요.

1 나부끼다: 천, 종이, 머리카락 등의 가벼운 물체가 바람을 받아서 가볍게 흔들리다. 또는 그렇게 하다.
예 국기가 바람에 나부끼다.

2 북받치다: 감정이나 힘 등이 속에서 세차게 치밀어 오르다.
예 영화를 보면서 할머니에 대한 그리움이 북받쳤다.

3 빈정대다: 남을 은근히 비웃는 태도로 자꾸 놀리다.
예 유아는 친구에게 계속 빈정대는 말을 했다.
비슷한말 비아냥대다, 비꼬다

4 억누르다: 「1」 어떤 감정 등이 일어나거나 나타나지 않도록 억지로 참다.
예 민우는 슬픔을 억누르지 못하고 크게 울었다.
「2」 남이 자유롭게 행동하지 못하게 억지로 짓누르다.

5 완비(完 완전할 완, 備 갖출 비)하다: 빠짐없이 완전히 갖추다.
예 그 체육관은 샤워 시설을 완비해 두었다.

6 음미(吟 읊을 음, 味 맛 미)하다: 어떤 사물 또는 개념의 속 내용을 새겨서 느끼거나 생각하다.
예 맛있는 음식을 천천히 음미했다.

7 일렁이다: 크고 긴 물건이나 물결 등이 이리저리 크게 흔들리다.
예 바람이 불어 물결이 일렁이다.

8 일조(一 하나 일, 助 도울 조)하다: 얼마간의 도움이 되다.
예 열띤 응원이 승리에 일조했다.

제가 회장이 된다면, 우리 반을 즐거운 반으로 만드는 데 (1) (음미, 일조)하겠습니다.

흥, 못 지킬 거면서 큰소리치네.

친구가 연설하는데 그렇게 (2) (빈정대면, 완비하면) 안 돼.

1 다음 낱말의 뜻에 알맞은 낱말을 찾아 ○표 하세요.

어휘 확인

(1) 얼마간의 도움이 되다. (구조하다, 일조하다)

(2) 빠짐없이 완전히 갖추다. (완결하다, 완비하다)

(3) 남을 은근히 비웃는 태도로 자꾸 놀리다. (빈정대다, 으스대다)

2 다음 낱말의 뜻을 보기 에서 찾아 기호를 쓰세요.

어휘 확인

보기

㉠ 감정이나 힘 등이 속에서 세차게 치밀어 오르다.
㉡ 크고 긴 물건이나 물결 등이 이리저리 크게 흔들리다.
㉢ 어떤 감정 등이 일어나거나 나타나지 않도록 억지로 참다.
㉣ 어떤 사물 또는 개념의 속 내용을 새겨서 느끼거나 생각하다.

(1) 북받치다 … (   )　　(2) 억누르다 … (   )

(3) 음미하다 … (   )　　(4) 일렁이다 … (   )

3 다음 중 밑줄 친 낱말을 알맞게 사용한 친구에게 모두 ○표 하세요.

어휘 적용

컵에 우유를 가득 부어서 우유가 넘칠 듯이 <u>나부꼈어.</u>

제주도에서 은빛 억새풀들이 바람에 <u>일렁이는</u> 풍경을 보았어.

넘어진 아기가 엄마를 보자 슬픔이 <u>북받쳤는지</u> 울음을 터뜨렸어.

 (   )

 (   )

(   )

4 다음 빈칸에 공통으로 들어갈 낱말에 ○표 하세요.

어휘
적용

- 감동적인 동화책을 읽고 이야기가 담고 있는 의미를 ▢▢ 해 보았다.
- 고향에 돌아온 딸은 어머니가 만들어 주신 요리를 천천히 ▢▢ 하며 먹었다.

(완비, 음미, 일조)

5 다음 글의 밑줄 친 낱말과 뜻이 비슷한 낱말을 모두 고르세요. (　　　,　　　)

어휘
확장

승원: 네가 공을 잡았다 놓쳐서 한 골 먹었잖아. 일부러 그랬니?
찬영: <u>빈정대지</u> 마. 실수로 공을 놓친 거야.

① 비꼬지　　　② 덤벙대지　　　③ 투덜대지　　　④ 허둥대지　　　⑤ 비아냥대지

6 밑줄 친 낱말이 다음 뜻으로 쓰인 문장을 보기에서 찾아 기호를 쓰세요.

어휘
확장

보기

㉠ 사또는 백성들을 <u>억누르고</u> 자기 마음대로 고을을 다스렸다.
㉡ 성원이는 게임하고 싶은 마음을 <u>억누르고</u> 숙제를 먼저 했다.

(1) 남이 자유롭게 행동하지 못하게 억지로 짓누르다.　　　(　　　　)
(2) 어떤 감정 등이 일어나거나 나타나지 않도록 억지로 참다.　　　(　　　　)

관용 표현

7 다음 글의 밑줄 친 관용어의 뜻으로 알맞은 것에 ○표 하세요.

　　여러분! 지구 온난화가 심각하다는 말을 많이 들었을 것입니다. 지구 온난화는 지구의 기온이 높아지는 현상으로 홍수, 폭염 등 기상 이변의 원인이 됩니다. 남의 일처럼 <u>강 건너 불구경</u>만 하지 말고 적극적으로 지구 환경을 보호하기 위한 행동에 나서야 합니다. 가까운 거리는 걸어 다니기, 에너지 절약하기, 일회용품 사용하지 않기 등 지구 환경을 지키는 데 **일조할** 수 있는 일을 찾아 실천합시다.

(1) 있는 힘을 다하여 덤비는 모양.　　　(　　　　)
(2) 거리낌 없이 아주 쉽게 예사로 하는 모양.　　　(　　　　)
(3) 자기와 관계없는 일이라고 하여 무관심하게 보기만 하는 모양.　　　(　　　　)

독해로
어휘 마무리

오늘의
나의 실력은?

최고야 좋았어 힘내자

2주 3일
정답확인

[8~9] 다음 독서 감상문을 읽고, 물음에 답하세요.

같은 반 친구 영우가 추천해 주어서 『보물섬』이라는 책을 읽었다. 주인공 짐은 영국의 바닷가 마을에서 부모님을 도와 여관 일을 한다. 어느 날 늙은 해적 선장이 여관을 찾아온다. 선장은 여관에서 묵다가 얼마 뒤 죽는데, 짐은 선장의 가방에서 보물섬 지도를 발견한다. 짐과 마을 어른인 트렐로니 씨, 의사 리브시 선생님은 보물을 찾아 떠나기로 한다. 그런데 그 소문이 퍼져 보물을 노리는 해적들이 뱃사람으로 위장하고 배에 함께 탄다.

출발하는 날, 배에서 **일렁이는** 파도를 바라보며 짐은 무슨 생각을 했을까? 보물 찾는 일에 **일조하고**, 자기 몫의 보물을 챙겨 집으로 돌아오는 상상을 하며 설렜을 것 같다. 그런데 짐의 바람과 달리 해적들이 본색을 드러내면서 짐은 위험에 처한다. 해적들이 배를 빼앗아 배에선 영국 국기 대신 해적 깃발이 ㉠덜그럭대고, 보물 묻힌 곳이 표시된 지도까지 해적의 손에 넘어간다. 나는 조마조마한 마음을 **억누르며** 이야기의 뒷부분을 읽어 나갔다. 다행히 짐의 용기와 지혜로 짐과 일행들은 섬에서 보물을 찾아 무사히 돌아온다.

보물섬에서 펼쳐진 짐의 모험은 흥미진진했다. 특히 나쁜 사람인지, 친구인지 알 수 없었던 외다리 해적 실버가 기억에 남았다. 마지막에 사라진 실버는 어떻게 됐을까? 『보물섬』은 이 책을 추천해 준 영우의 말대로 진짜 재미있는 이야기였다.

◆ 해적: 배를 타고 다니면서, 다른 배나 해안 지방을 습격하여 재물을 빼앗는 강도.
◆ 위장하고: 본래의 정체나 모습이 드러나지 않도록 거짓으로 꾸미고.

8 글쓴이의 생각이나 느낌으로 알맞은 것을 모두 고르세요. (,   ,   )

① 외다리 해적 실버가 기억에 남았다.
② 보물섬에서 펼쳐진 짐의 모험이 흥미진진했다.
③ 짐은 늙은 해적 선장의 가방에서 보물섬 지도를 발견했다.
④ 해적들은 배를 빼앗고, 보물이 묻힌 곳이 표시된 지도를 손에 넣었다.
⑤ 보물섬으로 출발하는 날, 짐은 보물을 챙겨 집으로 돌아오는 상상을 하며 설렜을 것이다.

9 ㉠을 바르게 고친 것은 무엇인가요? (   )

① 꿈틀대고   ② 나부끼고   ③ 북적이고
④ 흐느끼고   ⑤ 버둥거리고

여러 가지 말 ④

✏️ 다음 낱말의 뜻을 보고, 밑줄 친 낱말을 알맞게 사용하였으면 ○표, 잘못 사용하였으면 ✕표 하세요.

자제하다
(自 스스로 자, 制 억제할 제)
자기의 감정이나 욕망을 스스로 내리눌러서 그치게 하다.
예 사탕이 더 먹고 싶었지만 <u>자제했다</u>.

가정하다
(假 거짓 가, 定 정할 정)
사실이 아니거나 사실인지 아닌지 분명하지 않은 것을 임시로 받아들이다.
예 유미는 가장 나쁜 상황을 <u>가정하고</u> 대책을 세웠다.

선호하다
(選 가릴 선, 好 좋을 호)
여럿 가운데서 특별히 가려서 좋아하다.
예 나는 농구보다 축구를 <u>선호한다</u>.

결제하다
(決 결정할 결, 濟 건널 제)
물건값이나 내어 줄 돈을 주고 거래를 끝내다.
예 카드로 물건값을 <u>결제하다</u>.

허물어지다
쌓이거나 짜이거나 지어져 있는 것이 헐려서 무너지다.
예 흙담이 모두 <u>허물어졌다</u>.

비슷한말 무너지다, 붕괴하다

비방하다
(誹 헐뜯을 비, 謗 헐뜯을 방)
남을 비웃고 헐뜯어서 말하다.
예 이유 없이 사람들을 <u>비방하던</u> 그는 결국 주변 사람들로부터 미움을 받게 되었다.

지향하다
(志 뜻 지, 向 향할 향)
어떤 목표로 뜻이 쏠리어 향하다.
예 나는 부지런한 삶을 <u>지향한다</u>.

지배하다
(支 지탱할 지, 配 짝 배)
어떤 사람이나 집단, 조직, 사물 등을 자기의 뜻대로 복종하게 하여 다스리다.
예 그 나라는 강한 군대의 힘으로 약한 나라를 <u>지배했다</u>.

과자를 사고 현금으로 <u>결제했어</u>.

도희 ___

내가 <u>지향하는</u> 삶을 생각해 보고 장래희망을 정해야 해.

성준 ___

오늘 급식에 내가 <u>선호하는</u> 반찬이 많이 나와서 잘 먹지 못했어.

윤아 ___

1

어휘
확인

다음 낱말의 뜻풀이에 들어갈 알맞은 말을 보기 에서 찾아 쓰세요.

┌─────────── 보기 ───────────┐
돈, 감정, 목표, 사실
└─────────────────────────────┘

(1) 지향하다: 어떤 (　　　　　　　　　　)(으)로 뜻이 쏠리어 향하다.

(2) 결제하다: 물건값이나 내어 줄 (　　　　　　　　　　)을/를 주고 거래를 끝내다.

(3) 자제하다: 자기의 (　　　　　　　　　　)(이)나 욕망을 스스로 내리눌러서 그치게 하다.

(4) 가정하다: (　　　　　　　　　　)이/가 아니거나 사실인지 아닌지 분명하지 않은 것을 임
시로 받아들이다.

2

어휘
확인

다음 낱말의 뜻으로 알맞은 것을 찾아 ○표 하세요.

비방하다
(1) 남을 비웃고 헐뜯어서 말하다. (　　　　)
(2) 여럿 가운데서 특별히 가려서 좋아하다. (　　　　)

지배하다
(1) 적이나 상대편의 힘에 눌리어 뜻을 굽히고 복종하다. (　　　　)
(2) 어떤 사람이나 집단, 조직, 사물 등을 자기의 뜻대로 복종하게 하여 다스
리다. (　　　　)

3

어휘
적용

다음 낱말이 들어갈 문장을 찾아 선으로 이으세요.

(1) 비방하는 ・

(2) 선호하는 ・

・㉮ 어두운 색을 (　　　　) 은호는 검은색 옷이 많다.

・㉯ 인터넷 게시판에 근거 없이 다른 사람을 (　　　　) 댓글을 달지 맙시다.

4

어휘
적용

다음 문장에 어울리는 낱말을 찾아 ○표 하세요.

(1) 엄마가 슈퍼마켓에서 장을 보고 현금으로 (결제, 지배)하셨다.

(2) 사내는 화가 머리끝까지 났지만 감정을 (선호, 자제)하고 차분하게 말했다.

(3) 내가 무인도에 있다고 (가정, 지향)하고 먹을 것을 어떻게 구할지 생각해 보았다.

5 다음 글의 ㉠, ㉡에 들어갈 낱말이 모두 알맞은 것에 ○표 하세요.

왕은 세계를 (㉠)하고 싶었다. 그래서 이웃나라를 침략하여 땅을 빼앗았다. 계속되는 전쟁으로 백성들은 고통을 받았다. 이러한 모습을 보고 왕자는 결심했다.

'내가 왕이 되면 평화를 (㉡)할 것이다. 이웃한 나라들끼리 서로 침략하지 않기로 약속하고 전쟁을 끝내야지!'

(1) ㉠: 결제, ㉡: 지향 … (   )   (2) ㉠: 지배, ㉡: 자제 … (   )

(3) ㉠: 지배, ㉡: 지향 … (   )   (4) ㉠: 지향, ㉡: 비방 … (   )

6 다음 글의 밑줄 친 낱말과 뜻이 비슷한 낱말을 모두 고르세요. (,   )

밤새 남부 지방에 큰비가 내렸습니다. 주택의 담장이 <u>허물어지고</u>, 도로에 금이 가는 등 많은 비 피해가 발생했습니다.

① 뚫리고   ② 무너지고   ③ 붕괴하고   ④ 세워지고   ⑤ 튼튼해지고

관용 표현

7 다음 글의 빈칸에 들어갈 속담으로 알맞은 것에 ○표 하세요.

진서는 지난 학기에 우리 반에 전학 온 아이이다. 활달한 성격의 진서는 금세 반 아이들과 가까워졌다. 그런데 진서와 잘 어울리던 친구들이 점점 진서에게 실망하기 시작했다. 진서가 툭하면 친구들을 **비방했기** 때문이다. 진서는 그런 행동이 (   )라는 걸 왜 모를까? 반 아이들은 친구를 헐뜯는 진서를 좋게 보지 않았다. 무턱대고 남을 욕하면 자신에게도 해가 된다는 것을 진서가 알았으면 좋겠다.

(1) 우물 안 개구리: 넓은 세상의 형편을 알지 못하는 사람을 이르는 말.   (   )

(2) 고양이 목에 방울 달기: 실행하기 어려운 것을 헛되이 의논함을 이르는 말.   (   )

(3) 누워서 침 뱉기: 하늘을 향해 침을 뱉어 보아야 자기 얼굴에 떨어진다는 뜻으로, 자기에게 해가 돌아올 짓을 함을 이르는 말.   (   )

독해로
어휘 마무리

오늘의
나의 실력은?

최고야 좋았어 힘내자

2주 4일
정답확인

[8~9] 다음 글을 읽고, 물음에 답하세요.

　평소에 부모님이 신용 카드로 물건값을 **결제하는** 것을 보았을 거예요. 직접 돈을 안 냈는데 어떻게 물건을 살 수 있는 걸까요? 아빠가 신발 가게에서 신용 카드로 5만 원짜리 운동화를 샀다고 **가정해** 볼게요. 신발 가게 주인은 신발값 5만 원을 신용 카드 회사에서 받아요. 아빠는 나중에 신용 카드 회사에 5만 원을 주어요. 미리 카드 회사에서 돈을 빌려 내는 셈이지요.

　아빠처럼 신용 카드를 사용하는 사람은 한 달에 한 번씩 자기가 카드로 결제한 금액만큼 신용 카드 회사로 돈을 보내야 해요. 정해진 날짜에 보내지 않으면 돈을 갚지 않은 것이기 때문에 카드를 사용할 수 없게 되지요. 그래서 신용 카드 회사에서는 아무에게나 신용 카드를 만들어 주지 않아요. 카드를 만들려는 사람이 카드로 쓴 돈을 갚을 능력이 있는지, 직장이 있는지, 빚은 없는지 등을 평가해요.

　요즘은 사람들이 현금보다 신용 카드 결제를 **선호해요**. 현금을 가지고 다니지 않아도 되니 편리하고, 당장 현금이 없어도 물건을 살 수 있기 때문이에요. 그런데 별 생각 없이 신용 카드를 많이 쓰면 어떻게 될까요? 나중에 카드 회사로 보낼 돈이 모자라서 곤란한 일이 생길 거예요. 그러니 물건을 사고 싶은 마음이 들어도 (　㉠　) 계획적인 소비를 해야 해요

▲ 신용 카드와 현금

◆ **현금:** 백 원짜리 동전, 천 원짜리 지폐와 같은 돈.
◆ **곤란한:** 사정이 몹시 어렵고 난처하다.

8　㉠에 들어갈 낱말로 알맞은 것은 무엇인가요? (　　　　)

① 비방하고　　　　② 완비하고　　　　③ 자제하고

④ 지배하고　　　　⑤ 지향하고

9　이 글의 내용으로 알맞지 <u>않은</u> 것은 무엇인가요? (　　　　)

① 당장 현금이 없어도 신용 카드로 물건을 살 수 있다.

② 요즘 사람들은 현금보다 신용 카드 결제를 선호한다.

③ 신용 카드 회사에서는 누구에게나 쉽게 신용 카드를 만들어 준다.

④ 별 생각 없이 신용 카드를 마구 쓰지 말고 계획적인 소비를 해야 한다.

⑤ 신용 카드로 결제한 금액만큼 나중에 신용 카드 회사에 돈을 보내야 한다.

여러 가지 말

✍️ 다음 뜻에 알맞은 낱말을 가로, 세로, 대각선으로 찾아 연결하세요.

평	교	황	빈	미	결	제	하	다
황	온	묘	정	천	완	개	음	나
폐	엄	하	대	귀	경	비	미	부
하	존	일	다	박	이	특	하	끼
다	암	담	렁	세	롭	비	숙	다
치	허	물	어	지	다	겹	범	파
자	제	하	다	단	호	하	다	밀

낱말 뜻

1 평화롭고 조용하다.

2 빠짐없이 완전히 갖추다.

3 놀랍고 신기한 데가 있다.

4 집, 땅, 숲 등이 거칠어져 못 쓰게 되다.

5 남을 은근히 비웃는 태도로 자꾸 놀리다.

6 물건값이나 내어 줄 돈을 주고 거래를 끝내다.

7 쌓이거나 짜이거나 지어져 있는 것이 헐려서 무너지다.

8 자기의 감정이나 욕망을 스스로 내리눌러서 그치게 하다.

9 결심이나 태도, 입장 등이 흔들림이 없이 엄격하고 분명하다.

10 천, 종이, 머리카락 등의 가벼운 물체가 바람을 받아서 가볍게 흔들리다. 또는 그렇게 하다.

어휘로 문해력 키우기

[1~2] 다음 글의 밑줄 친 낱말과 뜻이 비슷한 낱말에 ○표 하세요.

1

『미래의 직업』이라는 책을 읽었다. 책에 따르면 미래에는 현재 있는 많은 직업이 사라지고 새로운 직업들이 생긴다고 한다. 이 책은 미래의 유망한 직업에 대해 <u>상세하게</u> 알려주고 있다. 진로를 고민하는 어린이와 청소년들에게 매우 유익한 책이다.

(과도하게, 세세하게, 친절하게)

2

인간처럼 학습하고 생각하는 인공 지능 기술이 빠른 속도로 발전하고 있다. 최근 인공 지능 컴퓨터의 성능이 <u>경이로운</u> 수준이다. 이에 따라 인공 지능 컴퓨터가 사람을 대신했을 때의 부작용을 우려하면서 인공 지능 기술을 어떻게 이용할지 고민해야 한다는 목소리가 높아지고 있다.

(앞선, 놀라운, 형편없는)

[3~4] 다음 관계의 두 낱말을 찾아 기호를 쓰세요.

3

사회자: 오늘은 줄넘기 달인을 만나 보겠습니다. 선생님, 줄넘기를 정말 ㉠<u>잘하시네요.</u>
　　　　줄넘기 달인이 되는 특별한 방법이 있나요?
줄넘기 달인: 매일 줄넘기를 두 시간씩 ㉡<u>연습했어요.</u> 저한테는 ㉢<u>평범한</u> 일상이었죠.
　　　　그런데 이런 날들이 10년 간 ㉣<u>쌓이니</u> 어느덧 ㉤<u>비범한</u> 경지에 오르더라고요.

◆**달인**: 학문이나 기술, 재주 등에 남달리 뛰어난 실력을 가진 사람.

• 뜻이 반대인 낱말: [⟷]

4

바닷가에서 형이랑 모래성을 ㉠<u>쌓았다.</u> 손재주가 좋은 형은 모래성도 잘 만들었다. ㉡<u>멋진</u> 모래성이 ㉢<u>완성되었다.</u> 그런데 갑자기 파도가 모래성을 덮쳤다. 밀려온 파도에 우리가 공들여 만든 모래성이 ㉣<u>허물어져</u> 내렸다. 나는 울상이 되었다. 그러자 형이 다정한 목소리로 ㉤<u>무너져</u> 버린 부분을 다시 쌓자고 말했다.

• 뜻이 비슷한 낱말: [—]

[5~6] 다음 글의 ⬭에 들어갈 알맞은 낱말을 찾아 ✓표 하세요.

5

소연이네 반에서는 즐거운 체험 학습을 위해 체험 학습 장소를 투표로 결정하기로 했다. '어린이 과학 박물관', '생태 체험관', '우주 체험관' 등이 후보에 올랐다. 투표 결과 반 이상의 아이들이 우주 체험관을 ⬭ 것으로 나타났다. 체험 학습 장소는 우주 체험관으로 결정되었다.

① 비방하는   ② 선호하는   ③ 억누르는   ④ 완비하는   ⑤ 자제하는

6

지난밤에 미술관에 전시된 명작 '여왕과 보석함'이 감쪽같이 사라졌다. 사건 현장을 조사하기 위해 탐정이 도착했다. 몇 가지 단서를 찾은 탐정은 범인이 어떻게 미술관 안으로 들어와 그림을 가지고 나갔는지 추리했다.

"범인은 그림을 훔치기 위해 오래전부터 ⬭ 계획을 세웠군요. 아마 몇 번이나 미술관에 와서 미술관 구조를 파악하고, 미리 도난 경보기를 망가뜨렸을 겁니다."

◆**경보기**: 소리나 빛 등으로 갑작스러운 사고나 위험 등을 알리는 기계.

① 미천한   ② 암담한   ③ 치밀한   ④ 평온한   ⑤ 황폐한

[7~8] 다음 글의 밑줄 친 낱말을 넣어 문장을 만들어 쓰세요.

엄마와 택시를 탔다. 택시 안에서 <u>은은한</u> 향기가 났다. 차 안에 놓인 노란 모과에서 나는 냄새였다. 좌석에는 예쁜 색깔의 포근한 방석이 깔려 있고, 사탕이 담긴 작은 바구니도 있었다. 바구니에는 '가시는 동안 달콤하게 드세요.'라는 쪽지가 붙어 있었다. 사탕 껍질을 버릴 수 있는 귀여운 휴지통까지 있었다. <u>사소한</u> 부분까지 신경 쓴 기사님의 배려가 느껴졌다. 다른 택시를 탔을 때보다 편안하고 기분이 좋았다.

7 **은은하다** : 냄새가 진하지 않고 그윽하다.

_____

8 **사소하다** : 보잘것없이 작거나 적다.

_____

한 걸음 더!

오늘의
나의 실력은?

최고야　좋았어　함내자

○ '味'(미)가 들어간 낱말은 '맛, 뜻'과 관련 있어요. '味'(미)가 들어간 낱말을 알아보아요.

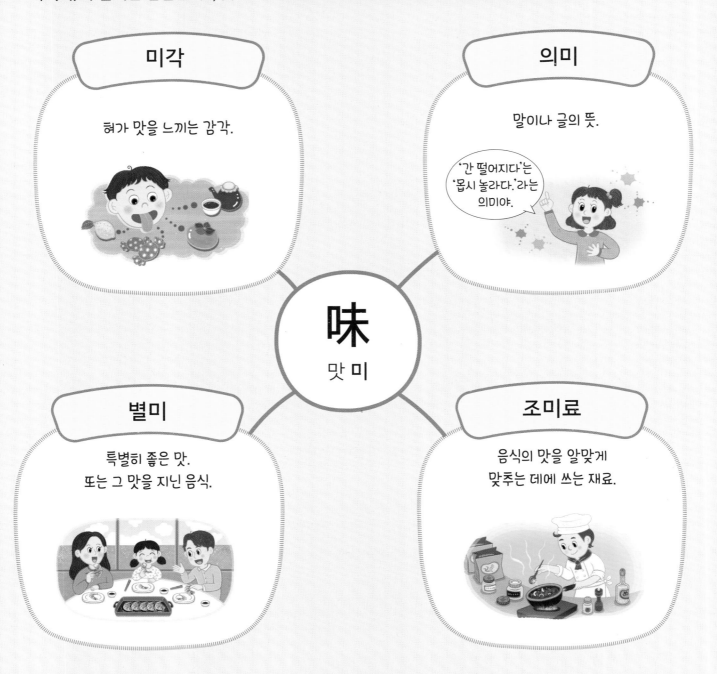

미각

혀가 맛을 느끼는 감각.

의미

말이나 글의 뜻.

'간 떨어지다'는 '몹시 놀라다.'라는 의미야.

味
맛 미

별미

특별히 좋은 맛.
또는 그 맛을 지닌 음식.

조미료

음식의 맛을 알맞게
맞추는 데에 쓰는 재료.

Q 다음 문장에 알맞은 낱말을 찾아 ○표 하세요.

(1) 무더운 여름철엔 시원한 냉면과 콩국수가 (별미, 의미)이다.

(2) 아빠는 요리에 천연 재료로 만든 (미각, 조미료)을/를 넣으신다.

(3) 주효는 (미각, 별미)이/가 발달해서 단맛, 짠맛, 신맛 등 음식의 맛을 잘 느낀다.

토의, 토론과 관련된 말 ❶

✏️ 다음 낱말이 사용된 상황을 보고, 뜻에 맞는 낱말을 써넣어 사전을 완성하세요.

어휘사전

❶ ㄱ ㅈ (決 결정할 결, 定 정할 정)**하다**

: 무엇을 어떻게 하기로 분명하게 정하다.

❷ ㄴ ㅇ (論 논의할 논, 議 의논할 의)**하다**

: 어떤 문제에 대하여 각자의 생각을 말하고 들으며 의견을 주고받다.

비슷한말 의논하다

❸ ㅅ ㅊ (實 열매 실, 踐 밟을 천)**하다**

: 생각한 것을 실제로 해 나가다.

비슷한말 실행하다

❹ ㅇ ㄱ (案 책상 안, 件 사건 건)

: 여럿이 모여 의논하거나 살펴보아야 할 항목이나 내용.

❺ ㅇ ㅎ (圓 둥글 원, 滑 미끄러울 활)**하다**

: 거침이 없이 잘 나가는 상태에 있다.

비슷한말 순조롭다

❻ ㅌ ㅇ (討 칠 토, 議 의논할 의)

: 여러 사람이 어떤 문제에 대해 자세히 따지고 의논함.

❼ ㅎ ㄱ ㅊ (解 풀 해, 決 결정할 결, 策 꾀 책): 어떤 일이나 문제 등을 해결하기 위한 방책.

❽ ㅎ ㅇ (協 도울 협, 議 의논할 의)**하다**

: 둘 이상의 사람이 서로 협력하여 의논하다.

1 다음 뜻에 알맞은 낱말을 찾아 선으로 이으세요.

어휘
확인

(1) 생각한 것을 실제로 해 나가다. •

(2) 거침이 없이 잘 나가는 상태에 있다. •

(3) 무엇을 어떻게 하기로 분명하게 정하다. •

• ㉮ 결정하다

• ㉯ 실천하다

• ㉰ 원활하다

2 다음 낱말의 뜻으로 알맞은 것을 찾아 ○표 하세요.

어휘
확인

토의
(1) 서로 만나서 이야기함. ( )
(2) 여러 사람이 어떤 문제에 대해 자세히 따지고 의논함. ( )

안건
(1) 개인이나 단체가 내놓은 의견이나 희망. ( )
(2) 여럿이 모여 의논하거나 살펴보아야 할 항목이나 내용. ( )

해결책
(1) 남에게 알려지지 않은 특별한 방법. ( )
(2) 어떤 일이나 문제 등을 해결하기 위한 방책. ( )

3 다음 문장에 어울리는 낱말을 보기 에서 찾아 빈칸에 쓰세요.

어휘
적용

―――――――――――――― 보기 ――――――――――――――
실천, 안건, 협의

(1) 할머니께서는 평생 봉사 활동을 하시며 이웃 사랑을 ( )하셨다.

(2) 선생님과 학생들이 학교 축제의 행사 프로그램에 대해 ( )했다.

(3) 오늘 학급 회의의 ( )은/는 '급식 때 나오는 음식물 쓰레기 줄이기'이다.

4 다음 글의 (   )에서 알맞은 낱말을 찾아 ○표 하세요.

어휘
적용

> 토의는 여러 사람이 함께 문제를 해결하는 좋은 방법 중 하나이다. 어떤 문제가 생겼을 때 토의에서는 그 문제의 (안건, 해결책)을 찾기 위해 다양한 의견을 주고받고, 각 의견의 장점과 단점을 따져 본다. 이러한 토의 과정을 통해 최선의 해결 방법이 무엇인지 (결정할, 실천할) 수 있다.

5 다음 글의 밑줄 친 낱말과 뜻이 비슷한 낱말에 ○표 하세요.

어휘
확장

> 주연이는 날마다 줄넘기 연습을 하겠다는 계획을 <u>실천했다</u>.

(실패했다, 실행했다, 실험했다)

6 다음 글의 밑줄 친 낱말과 뜻이 비슷한 낱말은 무엇인가요? (   )

어휘
확장

> 사회자: 토의가 <u>원활하게</u> 이루어질 수 있도록 다른 사람의 의견을 끝까지 듣고 나서 의견을 말해 주십시오.

① 천천히   ② 순조롭게   ③ 신중하게
④ 평화롭게   ⑤ 흥미롭게

관용 표현
7 다음 글의 빈칸에 들어갈 한자 성어로 알맞은 것에 ○표 하세요.

> '화백'은 신라 시대에 귀족들이 모여 나라의 중요한 일을 **협의하던** 회의 제도이다. 화백에서는 (   )(으)로 나랏일을 결정했다. 한 명이라도 다른 의견을 내면 모든 사람의 의견이 같아질 때까지 계속 **논의하였다**.

(1) 만장일치(滿場一致): 모든 사람의 의견이 같음.   (   )

(2) 각자도생(各自圖生): 제각기 살아 나갈 방법을 꾀함.   (   )

(3) 궁여지책(窮餘之策): 별수가 없어서 겨우 짜낸 해결책.   (   )

독해로
어휘 마무리

오늘의
나의 실력은?
최고야 좋았어 힘내자

3주 1일
정답확인

[8~9] 다음 글을 읽고, 물음에 답하세요.

은우네 반은 '교실에서 자리를 정하는 방법'을 (㉠   )으로 모둠별 토의를 했다.

"저는 키 순서대로 앉아야 한다고 생각합니다. 자기보다 키 큰 사람이 앞에 앉으면 수업 시간에 칠판이 잘 안 보이기 때문입니다."

은우가 먼저 의견을 말했다. 석훈이와 태구, 지민이도 차례대로 의견을 말했다.

"학교에 오는 순서대로 앉으면 어떨까요? 일찍 오면 원하는 자리에 앉을 수 있어 좋습니다."

"제비뽑기로 자리를 정하면 좋겠습니다. 제비뽑기는 공평하기 때문에 모두 불만 없이 정해진 자리에 앉을 것입니다."

"저도 태구의 의견에 동의합니다. 제비뽑기가 가장 좋은 방법이라고 생각합니다."

친구들은 세 가지 의견의 장단점을 살펴보며 **논의했다**.

"키 순서대로 앉으면 키가 작은 사람은 계속 앞자리에, 키가 큰 사람은 계속 뒷자리에만 앉아야 합니다."

"학교에 오는 순서대로 앉으면 교실에 먼저 들어와 자리를 맡으려고 복도와 계단에서 위험하게 뛰는 일이 생길 수 있습니다."

제비뽑기로 자리를 정하자는 의견은 단점보다 장점이 많았다. 매번 새로운 자리에 앉을 수 있고, 짝이 계속 바뀌어 반 친구들과 골고루 친해질 수 있다는 점도 좋았다. 은우네 모둠은 제비뽑기로 자리를 정하기로 (㉡   ).

◆ **공평하기**: 어느 쪽으로도 치우치지 않고 고르기.

8 제비뽑기로 자리를 정하자는 의견의 장점을 모두 고르세요. (,   ,   )

① 매번 새로운 자리에 앉을 수 있다.

② 복도와 계단에서 위험하게 뛰는 일이 생긴다.

③ 공평한 방법이어서 정해진 자리에 불만이 없다.

④ 짝이 계속 바뀌어 반 친구들과 골고루 친해질 수 있다.

⑤ 키가 작은 사람은 계속 앞자리에 앉고, 키가 큰 사람은 계속 뒷자리에 앉는다.

9 ㉠, ㉡에 들어갈 낱말이 모두 알맞은 것에 ○표 하세요.

(1) ㉠: 안건, ㉡: 원활했다 …… (   )   (2) ㉠: 안건, ㉡: 결정했다 …… (   )

(3) ㉠: 해결책, ㉡: 협의했다 … (   )   (4) ㉠: 해결책, ㉡: 결정했다 … (   )

토의, 토론과 관련된 말 ❷

✏️ 다음 낱말의 뜻을 보고, 밑줄 친 낱말을 알맞게 사용하였으면 ○표, 잘못 사용하였으면 ✕표 하세요.

조정하다
(調 고를 조, 整 가지런할 정)
어떤 기준이나 상황에 맞게 바로잡아 정리하다.
예 학교 건물 공사 때문에 여름 방학 기간을 <u>조정했다</u>.

소수
(少 적을 소, 數 셀 수)
적은 수.
예 <u>소수</u>의 의견에도 귀를 기울여야 한다.

반대말 다수

현황
(現 나타날 현, 況 상황 황)
현재의 상황.
예 통계청에서 반려동물을 키우는 집이 얼마나 되는지 반려동물 양육 가구 <u>현황</u>을 발표했다.

방안
(方 모 방, 案 책상 안)
일을 처리하거나 해결해 나갈 방법이나 계획.
예 아무리 궁리해도 이 문제에 대한 해결 <u>방안</u>이 떠오르지 않는다.

비슷한말 방책

합의하다
(合 합할 합, 意 뜻 의)
서로 의견이 일치하다.
예 컴퓨터를 하루에 한 시간씩 번갈아 사용하기로 동생과 <u>합의했다</u>.

고려하다
(考 상고할 고, 慮 생각할 려)
생각하고 헤아려 보다.
예 실천 가능성을 <u>고려해서</u> 의견을 내세우다.

조건
(條 가지 조, 件 사건 건)
어떤 일을 이루기 위해 갖추어야 하는 것.
예 농산물은 기후적 <u>조건</u>에 따라 생산량이 달라진다.

대처하다
(對 대답할 대, 處 곳 처)
어떤 어려운 일이나 상황을 이겨 내기에 알맞게 행동하다.
예 석주는 갑작스러운 상황에도 당황하지 않고 <u>대처했다</u>.

비슷한말 대응하다

가뭄으로 인한 물 부족 문제를 해결할 방안이 필요해.

아인

회의 참여자가 자기 생각만 합의하면 안 돼.

시아

빠르게 변화하는 사회에 대처하기 위해 준비해야지.

도윤

1 다음 낱말의 뜻풀이에 들어갈 알맞은 낱말을 <u>보기</u> 에서 찾아 쓰세요.

어휘
확인

보기

수, 방법, 의견, 현재

(1) 소수: 적은 (   ).

(2) 현황: (   )의 상황.

(3) 합의하다: 서로 (   )이/가 일치하다.

(4) 방안: 일을 처리하거나 해결해 나갈 (   )(이)나 계획.

2 다음 밑줄 친 낱말의 뜻에 알맞은 낱말을 찾아 ○표 하세요.

어휘
확인

(1) 행복의 <u>조건</u>이 무엇이라고 생각하나요?

➜ 어떤 일을 이루기 위해 (조심해야, 갖추어야) 하는 것.

(2) 날씨가 안 좋아서 여행 일정을 <u>조정했다</u>.

➜ 어떤 기준이나 상황에 맞게 (바로잡아, 어림잡아) 정리했다.

(3) 소년은 위험한 상황에 지혜롭게 <u>대처했다</u>.

➜ 어떤 (즐거운, 어려운) 일이나 상황을 이겨 내기에 알맞게 행동하다.

3 다음 중 밑줄 친 낱말을 알맞게 사용한 친구에게 ○표, 잘못 사용한 친구에게 ✕표 하세요.

어휘
적용

(1) 하율: 근거를 말하지 않고 자기 의견만 <u>합의하면</u> 토의가 원활하게 이루어지지 못해.

(   )

(2) 리온: 토의에서 문제의 해결책을 결정할 때에는 우리가 실천할 수 있는지를 <u>고려해야</u> 해.

(   )

(3) 예인: 의견이 달라서 말하는 사람끼리 갈등이 생길 수 있으니 의견을 <u>조정하는</u> 과정도 필요

해.

(   )

4 다음 문장에 어울리는 낱말을 찾아 ○표 하세요.

(1) 저녁 뉴스에서 전국의 태풍 피해 (방안 / 현황)을 보도했다.

(2) 집에서 식물을 잘 키우기 위한 세 가지 (소수 / 조건)은/는 햇빛, 물, 바람이다.

5 다음 글의 밑줄 친 낱말과 뜻이 비슷한 낱말은 무엇인가요? (   )

인터넷상에서 욕설을 하거나 남을 비방하는 사람이 많다. 이러한 언어폭력 문제를 해결할 <u>방안</u>을 적극적으로 마련해야 한다.

① 도구   ② 방책   ③ 방향   ④ 실태   ⑤ 원인

6 다음 글의 밑줄 친 낱말과 뜻이 반대인 낱말에 ○표 하세요.

학급 회의 시간에 성훈이가 낸 의견에 찬성한 사람은 <u>소수</u>에 불과했다. 하지만 친구들은 좋은 의견을 내 주어 고맙다며 성훈이의 의견 또한 존중해 주었다.

(다소, 다수, 다짐)

관용 표현

7 다음 글의 빈칸에 들어갈 관용어로 알맞은 것에 ○표 하세요.

화재가 발생했을 때 소화기를 사용해 (   ) **대처하면** 큰 불로 번지는 것을 막을 수 있다. 한 소방관은 "화재 초기에 소화기 한 대는 소방차 한 대 이상의 효과가 있다."라는 말을 하기도 했다. 평소에 소화기 사용 방법을 정확하게 익혀 두고, 각 가정에서도 소화기를 눈에 잘 띄는 곳에 두도록 하자.

(1) 발 빠르게: 알맞은 조치를 신속히 취하게.   (   )

(2) 피가 끓게: 기분이나 감정 등이 북받쳐 오르게.   (   )

(3) 한숨 돌리게: 힘겨운 고비를 넘기고 좀 여유를 갖게.   (   )

독해로
어휘 마무리

오늘의 나의 실력은?
 최고야
 좋았어
 힘내자

3주 2일
정답확인

[8~9] 다음 편지를 읽고, 물음에 답하세요.

5학년 6반 친구들, 안녕?

선생님이 우리 반 친구들에게 하고 싶은 말이 있어서 이렇게 학급 게시판에 편지를 쓴단다.

'토킹 스틱(talking stick)'이란 말을 들어 봤니? 토킹 스틱은 북아메리카 원주민들이 토의할 때 사용하던 지팡이야. 이 편지에서는 '지팡이'라고 부를게.

북아메리카 원주민들은 어려운 일에 ㉠**대처해야** 할 때나 중요한 일을 결정할 때 모여서 토의를 했단다. 토의의 규칙은 지팡이를 들고 있는 사람만 의견을 말할 수 있다는 거야. 이때 다른 사람들은 말을 끊거나 참견하면 안 되고 끝까지 경청해야 해. 이 규칙 덕분에 지팡이를 들고 있는 사람은 누구의 방해도 받지 않고 충분히 의견을 말할 수 있지. 자신의 의견을 정확하게 전달했다고 생각될 때 지팡이를 다른 사람에게 넘겨준단다.

이런 식으로 모두가 의견을 충분히 말하고 다른 사람의 말을 경청하면 무엇이 좋을까? 토의에서 나온 여러 의견에 대해 이해하고 깊이 생각할 수 있게 되지. 그러면 큰 다툼 없이 서로 다른 의견들을 **조정하고** 하나의 의견으로 **합의할** 수 있단다.

우리 친구들도 토의할 때 다른 사람의 의견을 주의 깊게 들었으면 좋겠어. 토의는 문제를 해결할 **방안**을 함께 찾는 과정이야. 내 의견만 내세우기보다 다른 사람의 의견을 잘 듣고 이해하는 것이 중요하단다. 앞으로 토의할 때 북아메리카 원주민의 지팡이를 떠올려 보면 어떨까?

◆ 원주민: 그 지역에 본디부터 살고 있는 사람들.
◆ 참견하면: 자기와 별로 관계없는 일이나 말 등에 끼어들어 쓸데없이 아는 체하거나 이래라저래라 하면.

8 선생님께서 편지에 북아메리카 원주민의 지팡이에 대해 쓰신 까닭은 무엇인가요? 다음 빈칸에 들어갈 내용으로 알맞은 것에 ○표 하세요.

토의할 때 (   ) 것이 중요하다고 알려 주시려고

(내 의견을 강조하는, 적극적으로 참여하는, 다른 사람의 의견을 잘 듣는)

9 ㉠과 뜻이 비슷한 낱말은 무엇인가요? (   )

① 맞서야   ② 대답해야   ③ 대응해야   ④ 반응해야   ⑤ 협동해야

토의, 토론과 관련된 말 ❸

✏️ 다음 낱말의 뜻을 보고, 말풍선에서 알맞은 낱말을 찾아 ○표 하세요.

1 **토론**(討 칠 토, 論 논의할 론): 어떤 문제에 대하여 여러 사람이 옳고 그름을 따지며 논의함.
예 학생들이 다양한 문제에 대해 열띤 **토론**을 벌였다.

2 **모호**(模 법 모, 糊 풀 호)**하다**: 말, 태도, 뜻 등이 흐릿하고 분명하지 못하다.
예 친구의 표정이 <u>모호해서</u> 어떤 기분인지 알 수가 없다.
비슷한말 애매하다

3 **반박**(反 돌이킬 반, 駁 얼룩말 박)**하다**: 어떤 의견이나 주장 등에 반대하여 말하다.
예 해솔이가 경민이의 말을 강하게 <u>반박했다</u>.

4 **제기**(提 끌 제, 起 일어날 기)**하다**: 의견이나 문제를 내놓다.
예 송이는 민철이의 말을 받아들이기 어려워 의문을 <u>제기했다</u>.

5 **지적**(指 가리킬 지, 摘 딸 적)**하다**: 「1」 어떤 것을 꼭 집어서 분명하게 가리키다. 「2」 잘못된 점이나 고쳐야 할 점을 가리켜 말하다.
예 선생님께서는 학생의 글에서 잘못된 점을 <u>지적하였다</u>.

6 **진행**(進 나아갈 진, 行 다닐 행)**하다**: 「1」 앞으로 향하여 나아가다. 「2」 일 등을 처리하여 나가다.
예 엄숙한 분위기에서 회의를 <u>진행하다</u>.

7 **뒷받침하다**: 어떤 주장이나 의견이 옳다고 인정받도록 도움을 주다.
예 주장을 <u>뒷받침할</u> 근거를 생각하다.

8 **펼치다**: 「1」 접히거나 포개진 것을 넓게 펴다. 「2」 생각 등을 전개하거나 발전시키다.
예 김 박사는 책에서 미래 사회에 대한 자신의 이론을 마음껏 <u>펼쳤다</u>.

그 의견은 잘못됐어요. 무조건 반대합니다.

적절한 근거를 들어 (모호해, 반박해) 주세요.

(1)

사회자가 말솜씨가 좋아서 행사를 정말 잘 (지적, 진행)하는구나.

(2) ○○ 노래자랑

맞아요!

1 다음 뜻에 알맞은 낱말을 보기 에서 찾아 기호를 쓰세요.

어휘
확인

보기

ㄱ 모호하다　　ㄴ 진행하다　　ㄷ 뒷받침하다

(1) 일 등을 처리하여 나가다. 　　　　　　　　　　　　　　　　　(　　　　　　　)

(2) 말, 태도, 뜻 등이 흐릿하고 분명하지 못하다. 　　　　　　　　(　　　　　　　)

(3) 어떤 주장이나 의견이 옳다고 인정받도록 도움을 주다. 　　　(　　　　　　　)

2 다음 낱말의 뜻으로 알맞은 낱말을 찾아 ○표 하세요.

어휘
확인

(1) 제기하다　　　의견이나 (계획, 문제)을/를 내놓다.

(2) 반박하다　　　어떤 의견이나 주장 등에 (반대하여, 찬성하여) 말하다.

(3) 지적하다　　　(본받을, 잘못된) 점이나 고쳐야 할 점을 가리켜 말하다.

3 다음 중 밑줄 친 낱말을 알맞게 사용한 문장에 모두 ○표 하세요.

어휘
적용

(1) 엄마가 저녁 식사 전에 절대 군것질을 하지 말라고 <u>모호하게</u> 말씀하셨다. 　(　　　)

(2) 영아에 대한 나쁜 소문이 퍼지자 영아는 그것이 사실과 다르다고 <u>반박했다.</u> 　(　　　)

(3) 학급 회의 시간에 혁주가 친구들이 교실에서 위험하게 뛰어논다는 문제를 <u>제기했다.</u>

(　　　)

4 다음 글의 ㄱ~ㄹ 중 잘못 사용한 낱말의 기호를 쓰세요.

어휘
적용

　　ㄱ토론의 주제는 찬성과 반대로 의견이 나뉠 수 있는 것으로 ㄴ진행합니다. 주제에 대한 자신의 주장을 밝히고, 그 주장을 ㄷ지적하는 근거를 제시합니다. 또 타당한 근거로 상대의 주장을 ㄹ반박하면서 자신의 주장을 받아들이도록 설득하는 과정이기도 합니다.

(　　　)

5 다음 문장에 쓰인 '펼쳤다'의 뜻을 찾아 알맞게 선으로 이으세요.

어휘
확장

(1) 소윤이는 구체적인 예를 근거로 들며 주장을 <u>펼쳤다</u>.

㉮ 접히거나 포개진 것을 넓게 폈다.

(2) 빗방울이 떨어지자 정우는 가방에서 우산을 꺼내 <u>펼쳤다</u>.

㉯ 생각 등을 전개하거나 발전시켰다.

6 다음 대화의 밑줄 친 낱말과 뜻이 비슷한 낱말에 ○표 하세요.

어휘
확장

해영: 태준아, 이 책 읽어 봤지? 재미있어?

태준: 재미있긴 한데 지루할 수도 있어.

해영: 재미있다는 거야, 재미없다는 거야? 그렇게 <u>모호하게</u> 말하니까 잘 모르겠잖아.

(어렵게, 단호하게, 애매하게)

관용 표현
7 다음 글의 내용에 어울리는 한자 성어로 알맞은 것은 무엇인가요? (   )

　　진호네 반에서 '동물원은 있어야 할까?'라는 주제로 **토론**을 했다. 먼저 진호가 동물원을 없애야 한다고 주장했다. 동물원에 갇혀 있는 동물들이 스트레스를 받아 몸이 약해진다는 것이 주장을 **뒷받침하는** 근거였다. 그러자 서영이가 진호의 주장을 **반박하며** 멸종 위기 동물을 보호하기 위해 동물원은 필요하다는 주장을 **펼쳤다**. 진호와 서영이의 주장을 듣고 다른 친구들도 찬성과 반대로 나뉘어 열띤 토론을 벌였다.

① 이구동성(異口同聲): 여러 사람의 말이 한결같음을 이르는 말.

② 권선징악(勸善懲惡): 착한 일을 권장하고 못되고 악한 일을 벌함.

③ 동상이몽(同牀異夢): 겉으로는 같이 행동하면서도 속으로는 각각 딴생각을 하고 있음.

④ 감언이설(甘言利說): 귀가 솔깃하도록 남의 비위를 맞추거나 이로운 조건을 내세워 꾀는 말.

⑤ 갑론을박(甲論乙駁): 여러 사람이 서로 자신의 주장을 내세우며 상대의 주장을 반대하여 말함.

[8~9] 다음 토론을 읽고, 물음에 답하세요.

사회자: '초등학생도 교복을 입어야 한다.'라는 주제로 (㉠)을 시작하겠습니다.

재희: 저는 초등학생이 교복을 입는 것에 찬성합니다. 교복을 입으면 아침마다 무슨 옷을 입을까 고민하지 않아도 됩니다. 또 옷을 사느라 쓰는 돈을 절약할 수 있습니다.

민우: 저는 초등학생이 교복 입는 것에 반대합니다. 초등학생은 해마다 몸이 많이 자랍니다. 그래서 교복 한 벌로 6년을 입으면 옷이 잘 맞지 않아 무척 불편할 것입니다. 그렇다고 교복을 해마다 사면 교복 값이 많이 듭니다.

사회자: 다른 친구들은 교복에 대해 어떻게 생각하나요? 주장을 **뒷받침하는** 근거를 제시하며 찬성이나 반대 주장을 **펼쳐** 주십시오.

은미: 저도 교복을 입는 것에 반대합니다. 옷은 자신의 개성을 표현하는 수단입니다. 전교생이 똑같은 교복을 입으면 개인의 개성이 사라집니다. 또 마음에 드는 옷을 입을 자유를 누릴 수 없습니다.

지효: 저는 교복을 입는 것에 찬성합니다. 한 친구가 유명 브랜드 옷을 입고 오면 부러워하는 친구들이 있습니다. 그래서 부모님께 그 옷을 사 달라고 말했다가 꾸중을 듣기도 합니다. 교복을 입으면 이렇게 옷 때문에 속상한 일이 없을 것입니다.

◆ **개성**: 다른 사람이나 개체와 구별되는 고유의 특성.
◆ **수단**: 어떤 목적을 이루기 위하여 쓰는 방법이나 도구.
◆ **브랜드**: 생산 회사나 제품의 이름.

8 ㉠에 들어갈 낱말로 알맞은 것은 무엇인가요? (   )

① 낭송　　　② 연극　　　③ 연설　　　④ 토론　　　⑤ 표결

9 다음 중 초등학생이 교복을 입는 것에 찬성하는 주장의 근거를 모두 찾아 ○표 하세요.

(1) 무슨 옷을 입을지 고민하지 않아도 되고 옷값을 절약할 수 있다. 　　　(　　　)

(2) 개인의 개성이 사라지고 마음에 드는 옷을 입을 자유를 누릴 수 없다. 　　　(　　　)

(3) 다른 친구가 입고 오는 옷을 부러워하는 일이나 옷 때문에 속상한 일이 없어진다.

(　　　)

(4) 초등학생은 해마다 몸이 많이 자라서 잘 맞지 않는 교복을 입으면 불편하고, 해마다 교복을 사면 돈이 많이 든다. 　　　(　　　)

토의, 토론과 관련된 말 ❹

3주 4일

✎ 다음 낱말의 뜻을 보고, 초성에 알맞은 낱말을 써넣어 대화를 완성하세요.

토론할 때 내 주장을 잘 ㄴ ㅅ ㅇ 려면 어떻게 하는 게 좋을까?

ㅈ ㄱ ㅈ 이지 않고 객관적인 근거를 제시해야 해. 또 근거에서 ㄱ ㅈ 하고 싶은 내용은 구체적인 ㅈ ㄹ 를 제시하면 좋겠지.

상대 의견에 대한 ㅂ ㄹ 을 펼치면 더 효과적이겠지?

좋은 생각이야. 그런데 너무 강하게 ㄷ ㅈ 하는 표현을 쓰지 않도록 주의해야 해.

알겠어. 상대의 의견도 존중하는 ㅌ ㄷ 를 갖도록 할게.
토론을 통해 더 좋은 결론을 ㄷ ㅊ 하면 바람직할 테니까.

오늘의 어휘

● **강조**(強 강할 강, 調 고를 조)**하다**: 어떤 부분을 특별히 강하게 주장하거나 두드러지게 하다.

● **내세우다**: 「1」 주장이나 의견 등을 내놓고 주장하거나 지지하다.
「2」 내놓고 자랑하거나 높이 평가하다.

● **단정**(斷 끊을 단, 定 정할 정)**하다**: 딱 잘라서 판단하고 결정하다.
　　모양이 같은 말　단정하다: 옷차림새나 몸가짐 등이 얌전하고 바르다.

● **도출**(導 이끌 도, 出 날 출)**하다**: 생각이나 판단, 결론 등을 이끌어 내다.

● **반론**(反 돌이킬 반, 論 논의할 론): 남의 의견에 반대하여 다른 주장을 펴는 것. 또는 그런 주장.

● **자료**(資 재물 자, 料 헤아릴 료): 연구나 조사 등을 하는 데 바탕이 되는 재료.

● **주관적**(主 주인 주, 觀 볼 관, 的 과녁 적): 자신의 생각이나 관점을 기준으로 하는 것.　반대말　객관적

● **태도**(態 모양 태, 度 법도 도): 어떤 일이나 상황 등을 대하는 마음가짐. 또는 그 마음가짐이 드러난 자세.

1 다음 낱말의 뜻을 보기에서 찾아 기호를 쓰세요.

어휘
확인

보기

ㄱ 자신의 생각이나 관점을 기준으로 하는 것.
ㄴ 연구나 조사 등을 하는 데 바탕이 되는 재료.
ㄷ 남의 의견에 반대하여 다른 주장을 펴는 것. 또는 그런 주장.
ㄹ 어떤 일이나 상황 등을 대하는 마음가짐. 또는 그 마음가짐이 드러난 자세.

(1) 반론 … (   )   (2) 자료 …… (   )
(3) 태도 … (   )   (4) 주관적 … (   )

2 다음 낱말의 뜻에 알맞은 낱말을 찾아 ○표 하세요.

어휘
확인

(1)   딱 잘라서 판단하고 결정하다.   (단정하다, 원활하다)

(2)   생각이나 판단, 결론 등을 이끌어 내다.   (도출하다, 분석하다)

(3)   어떤 부분을 특별히 강하게 주장하거나 두드러지게 하다.   (강조하다, 과도하다)

3 다음 중 밑줄 친 낱말을 잘못 사용한 문장은 무엇인가요? (   )

어휘
적용

① 학생들의 의견이 양쪽으로 갈리어 결론을 <u>도출해</u> 내지 못했다.
② 선생님께서는 현장 학습에 가면 안전이 가장 중요하다고 <u>강조하셨다</u>.
③ 현우는 자신의 의견을 뒷받침하는 <u>자료</u>를 찾으려고 인터넷에서 신문 기사를 검색했다.
④ 치료약 개발을 위한 동물 실험을 하지 말아야 한다는 반대 측 주장에 대해 찬성 측에서 <u>반론</u>을 제기했다.
⑤ 토론자가 자신만의 경험이나 감정을 근거로 들면 설득력이 떨어지므로 모두가 받아들일 수 있는 <u>주관적</u>인 근거를 제시해야 한다.

4 다음 중 빈칸에 '태도'가 들어가기에 알맞지 <u>않은</u> 문장을 찾아 기호를 쓰세요.

어휘
적용

> ㉠ 한민이는 수업 (   )가 좋아서 선생님께 칭찬을 받았다.
> ㉡ ○○시는 주민들의 다양한 (   )를 듣기 위해 공개 토론회를 열었다.
> ㉢ 토론할 때 예의를 지키지 않고 싸우듯이 말하는 것은 올바른 (   )가 아니다.

(   )

5 다음 문장에서 밑줄 친 낱말의 뜻을 보기 에서 찾아 기호를 쓰세요.

어휘
확장

보기

> ㉠ 내놓고 자랑하거나 높이 평가했다.
> ㉡ 주장이나 의견 등을 내놓고 주장하거나 지지했다.

(1) 이 식당은 50년 전통과 한결같은 음식 맛을 자랑으로 <u>내세웠다</u>. (   )

(2) 전교 회장 후보는 운동장에 축구 골대를 만들겠다는 공약을 <u>내세웠다</u>. (   )

6 다음 문장에서 밑줄 친 낱말이 보기 의 문장과 같은 뜻으로 쓰인 것에 ○표 하세요.

어휘
확장

보기

> 한두 가지의 행동을 보고 그 사람의 성격을 쉽게 <u>단정하게</u> 되면 문제가 생긴다.

(1) 제자는 옷을 <u>단정하게</u> 차려 입고 선생님을 찾아뵈었다. (   )

(2) 마을 사람들은 소년의 말만 듣고 그를 범인으로 <u>단정하게</u> 되었다. (   )

관용 표현

7 다음 글에서 밑줄 친 속담의 뜻으로 알맞은 것에 ○표 하세요.

> "일본이 독도가 일본 땅이라고 주장하더니 이제 초등학교 교과서에 한국이 독도를 불법으로 ◆점령 중이라는 내용을 넣는다는구나."
> 신문을 보시던 아빠가 걱정스럽게 말씀하셨다. 나는 깜짝 놀랐다.
> "말도 안 돼요! 옛날부터 독도가 우리 땅이라는 것을 증명하는 **자료**도 많잖아요."
> "그렇지. 일본의 **태도**는 <u>콩을 팥이라고 우기는</u> 격이야."
>
> ◆**점령:** 어떤 장소를 차지하여 자리를 잡음.

(1) 다소 방해되는 것이 있다 하더라도 마땅히 할 일은 하는. (   )

(2) 사실과 다른 주장을 막무가내로 내세우며 억지스럽게 고집을 부리는. (   )

(3) 강한 자들이 싸우는 틈에서 아무 상관없는 약한 자가 피해를 입게 되는. (   )

독해로
어휘 마무리

오늘의
나의 실력은?
 최고야   좋았어   힘내자

3주 4일
정답확인

[8~9] 다음 글을 읽고, 물음에 답하세요.

1636년 12월, 청나라는 12만 대군을 이끌고 조선을 침략했다. 인조와 신하들은 급히 남한산성으로 피란을 갔다. 청나라 군대에 완전히 포위된 상황에서 신하들의 의견은 둘로 나뉘었다. 한쪽은 청나라와 화해하고 전쟁을 끝내자는 주화파이고, 다른 한쪽은 끝까지 싸워야 한다는 척화파였다.

주화파 신하들은 인조에게 청나라와 화해해야 한다는 주장을 **내세웠다.**

"현실적으로 우리가 청나라의 대군을 이길 수 없습니다. 식량도 무기도 부족합니다. 전쟁을 계속하면 나라와 백성의 삶이 위태롭습니다. 지금은 청나라의 요구를 들어주고 전쟁을 끝내야 합니다. 목숨을 지켜야 훗날을 도모할 수 있습니다."

척화파 신하들은 강하게 (㉠   )을/를 폈다.

"전쟁의 승패는 끝날 때까지 알 수 없는 것입니다. 우리가 패배했다고 (㉡   )하고 항복해선 안 됩니다. 항복을 하면 청나라의 백성이 되는 치욕을 당할 것입니다. 끝까지 싸우다 죽는 것이 낫습니다."

◆ **피란:** 난리를 피하여 옮겨 감.
◆ **도모할:** 어떤 일을 이루기 위해 대책과 방법을 세울.
◆ **치욕:** 부끄럽고 욕됨.

8 ㉠, ㉡에 들어갈 알맞은 낱말을 보기에서 찾아 쓰세요.

보기

강조, 단정, 반론, 자료

(1) ㉠: (   )   (2) ㉡: (   )

9 다음 글의 빈칸에 들어갈 내용으로 알맞은 것에 ○표 하세요.

인조는 팽팽하게 맞선 양쪽의 주장을 듣고 고민했다. 그러다 추위와 굶주림에 더 이상 버티지 못하고 주화파 신하들의 주장을 받아들여 (   ).

(1) 청나라를 배신했다   (   )

(2) 청나라에 항복했다   (   )

(3) 끝까지 맞서 싸웠다   (   )

(4) 다른 나라에 도움을 요청했다   (   )

토의, 토론과 관련된 말

✏️ 다음 뜻풀이를 보고, 십자말풀이를 완성하세요.

(십자말풀이표: 칸 번호 1, 2, 3, 4, 5, 6, 7, 8, 9, 10 표시됨)

➡️ 가로

1 어떤 일이나 상황 등을 대하는 마음가짐. 또는 그 마음가짐이 드러난 자세.

3 무엇을 어떻게 하기로 분명하게 정하다.

5 여러 사람이 어떤 문제에 대해 자세히 따지고 의논함.

7 어떤 부분을 특별히 강하게 주장하거나 두드러지게 하다.

9 잘못된 점이나 고쳐야 할 점을 가리켜 말하다.

⬇️ 세로

2 생각이나 판단, 결론 등을 이끌어 내다.

4 어떤 일이나 문제 등을 해결하기 위한 방책.

6 서로 의견이 일치하다.

8 어떤 일을 이루기 위해 갖추어야 하는 것.

10 자신의 생각이나 관점을 기준으로 하는 것.

[1~2] 다음 글의 밑줄 친 낱말과 바꾸어 쓸 수 있는 낱말을 찾아 ✓표 하세요.

1

> 사회자: 우리는 코로나19를 극복한 경험이 있습니다. 그런데 앞으로 코로나19와 같은 감염병이 또다시 유행할 가능성이 있다고 합니다. 오늘은 여러 전문가를 모시고 새로운 감염병이 발생하면 어떻게 <u>대처해야</u> 할지 토의해 보도록 하겠습니다.

① 계승해야　　② 논의해야　　③ 대응해야　　④ 대체해야　　⑤ 반성해야

2

> "오재우! 가족회의 결정 사항 잊었니? 스스로 정리 정돈을 잘하기로 했잖아."
> 아빠의 호통에 소파에서 만화책을 보던 재우가 벌떡 일어났다. 재우는 방바닥에 아무렇게나 벗어 놓은 양말과 바지를 주워 빨래 바구니에 넣었다.
> "<u>실천하지</u> 않으면 회의하고 결정한 게 아무 소용이 없는 거야."

① 계획하지　　② 내세우지　　③ 실수하지　　④ 실행하지　　⑤ 적응하지

[3~4] 다음 관계의 두 낱말을 찾아 기호를 쓰세요.

3

> ㉠토의에서는 어떤 문제에 대해 충분히 협의하고 ㉡다수의 ㉢의견에 따라 ㉣해결책을 결정해요. 이때 꼭 한 가지 의견만 해결책으로 정하는 것은 아니에요. 좋은 의견이 많으면 여러 개를 정할 수 있어요. 또 ㉤소수의 의견이라도 존중하고 고려해야 해요.

• 뜻이 반대인 낱말: ☐ ↔ ☐

4

> ○○초등학교에서는 어린이날을 맞아 '전통 놀이 한마당'을 열었다. ㉠<u>원활하게</u> 행사를 진행하기 위해 특별히 졸업생들이 도우미로 나섰다. 도우미로 ㉡<u>참여한</u> 이세미 양(○○중 2학년)은 후배들이 ㉢<u>즐겁게</u> 전통 놀이를 하며 뛰어노는 모습을 보니 ㉣<u>흐뭇하다</u>고 하면서 "별다른 사고 없이 ㉤<u>순조롭게</u> 행사가 끝나 보람을 느낀다."라고 말했다.

• 뜻이 비슷한 낱말: ☐ ― ☐

[5~6] 다음 글의 ⬭에 들어갈 알맞은 낱말을 찾아 ○표 하세요.

5

5학년 1반과 2반 아이들이 축구 시합을 하기로 했다. 그런데 선수를 어떻게 구성할지, 시합을 언제 할지, 심판은 누가 볼지 등에 대해 두 반이 원하는 것이 달랐다.

"각 반 아이들의 의견을 모아 만나자."

1반과 2반 회장은 선수를 남학생 5명과 여학생 5명으로 구성하고, 다음 주 토요일 오후 3시에 학교 운동장에서 축구 시합을 하기로 고려했다 | 제기했다 | 합의했다 . 또 심판은 6학년 선배에게 부탁하기로 했다.

6

태오는 텔레비전 토론 프로그램을 즐겨 보는 엄마가 신기했다.

"엄마는 토론이 재미있어요?"

"응. 토론회를 보면 토론 주제에 대해 내가 잘 몰랐던 것을 알게 돼서 좋아. 서로 다른 주장을 내세우니 양쪽의 입장에서 생각해 볼 수 있고. 특히 상대 주장에 대해 조목조목 반박하면서 동의 | 반론 | 조건 을 제기할 때 가장 재미있어."

[7~8] 다음 글의 밑줄 친 낱말을 넣어 문장을 만들어 쓰세요.

'선의의 거짓말을 해도 된다.'라는 토론 주제에 대해 하연이가 찬성 주장을 펼쳤다.

"저는 선의의 거짓말을 해도 된다고 생각합니다. 얼마 전에 친구한테 옷이 잘 어울린다는 말을 듣고 기분이 좋았는데, 나중에 알고 보니 친구가 선의의 거짓말을 한 것이었습니다. 제 친구들도 모두 선의의 거짓말을 들으면 기분이 좋다고 합니다."

하연이의 말이 끝나자 남우가 하연이가 제시한 근거가 타당하지 않다고 지적했다.

"찬성 주장에 대한 근거는 자신의 경험과 감정에 치우친 주관적인 내용입니다. 주장을 뒷받침할 수 있는 객관적인 근거와 자료를 제시해야 합니다."

✦ 선의: 좋은 뜻이나 의도.

7

지적하다 : 잘못된 점이나 고쳐야 할 점을 가리켜 말하다.

8

자료 : 연구나 조사 등을 하는 데 바탕이 되는 재료.

○ '合'(합)이 들어간 낱말은 '합하다, 모으다'와 관련 있어요. '合'(합)이 들어간 낱말을 알아보아요.

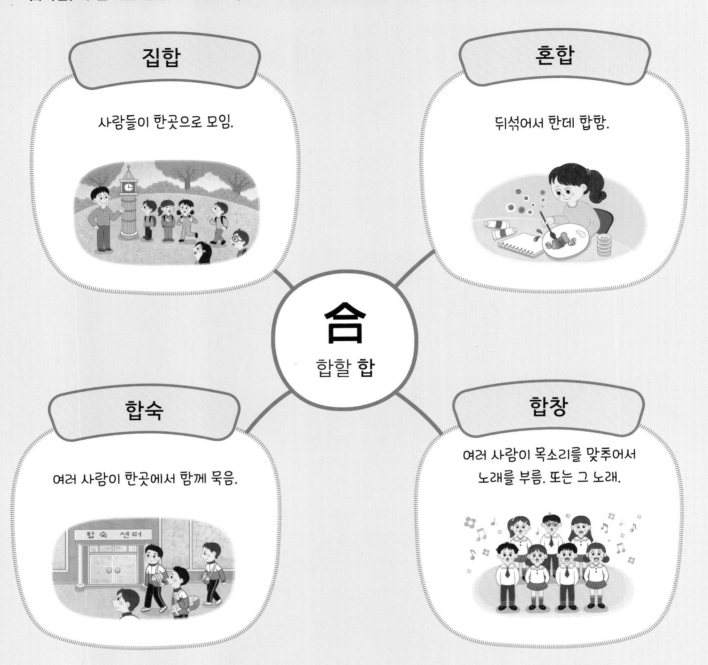

집합

사람들이 한곳으로 모임.

혼합

뒤섞어서 한데 합함.

合
합할 합

합숙

여러 사람이 한곳에서 함께 묵음.

합창

여러 사람이 목소리를 맞추어서
노래를 부름. 또는 그 노래.

Q 다음 문장에 알맞은 낱말을 찾아 ○표 하세요.

(1) 우리 집은 늘 쌀과 콩, 보리가 (합숙, 혼합)이 된 잡곡밥을 먹는다.

(2) 점심을 먹고 자유 시간을 가진 뒤 3시까지 (집합, 혼합) 장소로 모이세요.

(3) 전국 대회를 앞두고 ○○중학교 야구부 선수들은 열흘 간 (합숙, 합창) 훈련을 했다.

인문 환경, 자연환경과 관련된 말 ①

✏️ 다음 낱말이 사용된 상황을 보고, 뜻에 맞는 낱말을 써넣어 사전을 완성하세요.

관광객이 유입되기 전까지 우리 마을엔 이 할아비 같은 노년층만 많았단다.

이 마을엔 관광객이 많아요.

1970년대에 도시로 인구가 집중이 되면서 이곳의 젊은이들도 마을을 떠났거든. 요즘도 젊은이들은 도시에 많이 분포하고 있지.

고속 철도가 생기고 전국이 반나절 생활권이 되면서 자연을 즐기려는 도시 사람들이 우리 마을에 찾아오기 시작했어.

우리 지역에서는 여러 가지 관광 사업을 추진했지.

그래서 아름다운 자연환경을 자랑하는 멋진 관광지가 형성이 된 것이군요!

어휘 사전

❶ ㄴ ㄴ ㅊ (老 늙을 노, 年 해 년, 層 층 층): 사회 구성원 가운데 나이가 많이 들어 늙은 시기에 있는 사람을 통틀어 이르는 말.

❷ ㅂ ㅍ (分 나눌 분, 布 베 포)**하다** : 일정한 범위에 흩어져 퍼져 있다.

❸ ㅅ ㅎ ㄱ (生 날 생, 活 살 활, 圈 우리 권): 통학, 통근 등 사람들이 일상생활을 할 때 활동하는 범위.

❹ ㅇ ㄱ (人 사람 인, 口 입 구): 한 나라 또는 일정한 지역에 사는 사람의 수.

❺ ㅇ ㅇ (流 흐를 유, 入 들 입)**되다** : 「1」 액체나 기체, 열 등이 어떤 곳으로 흘러들게 되다. 「2」 사람이 어떤 곳으로 모여들게 되다.

❻ ㅈ ㅈ (集 모을 집, 中 가운데 중) : 한곳을 중심으로 하여 모임. 또는 그렇게 모음. 반대말 분산

❼ ㅊ ㅈ (推 옮길 추, 進 나아갈 진)**하다** : 목표를 향하여 밀고 나아가다.

❽ ㅎ ㅅ (形 형상 형, 成 이룰 성) : 어떤 모양이나 상태를 이룸.

1 다음 낱말의 뜻을 **보기** 에서 찾아 기호를 쓰세요.

어휘
확인

보기

㉠ 어떤 모양이나 상태를 이룸.
㉡ 한 나라 또는 일정한 지역에 사는 사람의 수.
㉢ 통학, 통근 등 사람들이 일상생활을 할 때 활동하는 범위.
㉣ 사회 구성원 가운데 나이가 많이 들어 늙은 시기에 있는 사람을 통틀어 이르는 말.

(1) 인구 … (   )   (2) 노년층 … (   )
(3) 형성 … (   )   (4) 생활권 … (   )

2 다음 낱말의 뜻으로 알맞은 것을 찾아 ○표 하세요.

어휘
확인

분포하다
(1) 여럿을 종류에 따라서 나누다.   (   )
(2) 일정한 범위에 흩어져 퍼져 있다.   (   )

집중
(1) 여럿이 모여서 이룬 무리나 단체.   (   )
(2) 한곳을 중심으로 하여 모임. 또는 그렇게 모음.   (   )

추진하다
(1) 목표를 향하여 밀고 나아가다.   (   )
(2) 어떤 방면으로 활동 범위나 세력을 넓혀 나아가다.   (   )

3 다음 글의 ㉠과 ㉡에 들어갈 낱말로 알맞은 것에 ○표 하세요.

어휘
적용

　　우리나라의 저출산·고령화 현상이 심각합니다. 아이를 한 명만 낳거나 낳지 않는 가정이 갈수록 늘면서 우리나라 출산율은 세계에서 가장 낮은 수준입니다. 이에 따라 전체 (　㉠　)에서 14세 이하의 유소년층이 차지하는 비율은 점점 줄고, 65세 이상의 (　㉡　) 비율은 계속해서 늘어날 전망입니다.

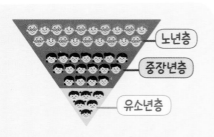

▲ 고령화 사회의 연령별 인구 비율을 나타낸 그림

　◆**출산율**: 아기를 낳는 비율. 일정 기간에 태어난 아이가 전체 인구에서 차지하는 비율을 이름.

(1) ㉠: (인구, 집중, 형성)   (2) ㉡: (추진, 노년층, 생활권)

4 다음 중 밑줄 친 낱말을 알맞게 사용한 문장에 모두 ○표 하세요.

어휘
적용

(1) 강아지풀은 우리나라 전 지역에 <u>분포하므로</u> 쉽게 볼 수 있다. ( )

(2) 고속 철도가 생기면서 전국이 반나절 <u>생활권</u> 안에 들게 되었다. ( )

(3) 김 선수는 발목에 심한 부상을 당해 당분간 축구 경기 출전을 <u>추진했다</u>. ( )

5 다음 글의 밑줄 친 낱말과 뜻이 반대인 낱말은 무엇인가요? ( )

어휘
확장

> 우리나라는 1960년대 이후 도시가 본격적으로 형성되었다. 시골에서 농사를 짓고 살던 사람들이 일자리를 찾아 도시에 모여들었다. 그 결과 도시로 인구 <u>집중</u> 현상이 나타났다.

① 분류   ② 분산   ③ 이동   ④ 집단   ⑤ 탈출

6 밑줄 친 낱말이 다음 뜻으로 쓰인 문장을 **보기** 에서 찾아 기호를 쓰세요.

어휘
확장

보기

> ㉠ 공장 폐수가 강으로 <u>유입되어</u> 강이 오염되었다.
> ㉡ 섬과 육지를 잇는 다리가 생기자 많은 관광객이 섬에 <u>유입되어</u> 북적였다.

(1) 사람이 어떤 곳으로 모여들게 되어. ( )

(2) 액체나 기체, 열 등이 어떤 곳으로 흘러들게 되어. ( )

관용 표현

7 다음 글의 빈칸에 들어갈 관용어로 알맞은 것에 ○표 하세요.

> '**인구** 밀도'란 일정한 넓이 안에 살고 있는 인구수로, 인구의 밀집 정도를 나타내요. 우리나라에서 인구 밀도가 가장 높은 지역은 수도권이에요. 수도권은 서울과 서울 근처 지역인 인천, 경기를 말하는데, 이곳에 우리나라 전체 인구의 약 절반인 2천6백만 명 정도가 살고 있어요. 출퇴근 시간에 수도권 전철 안은 사람들로 ( ). 수도권의 높은 인구 밀도를 실감할 수 있는 모습이지요.

(1) 발 디딜 틈이 없어요: 복작거리어 혼잡스러워요. ( )

(2) 눈코 뜰 사이 없어요: 정신 못 차리게 몹시 바빠요. ( )

(3) 눈앞이 캄캄해요: 어떻게 해야 할지 몰라 아득해요. ( )

독해로
어휘 마무리

오늘의
나의 실력은?
최고야 좋았어 함내자

4주 1일
정답확인

[8~9] 다음 소개하는 글을 읽고, 물음에 답하세요.

제가 살고 있는 부산을 소개합니다. 부산은 우리나라를 대표하는 큰 항구 도시입니다. 부산에는 해운대 해수욕장, 싱싱한 해산물을 파는 자갈치 시장, 해안 절벽 경치가 아름다운 태종대, 특색 있는 거리와 부산 국제 영화제 등 즐길 거리가 가득합니다. 전국이 반나절 **생활권**이 되면서 많은 여행객이 부산을 찾고 있습니다.

저는 부산의 여러 명소♦ 가운데 감천 문화 마을을 알려 주고 싶습니다. 부산의 역사를 보여 주는 장소이기 때문입니다. 1950년 한국 전쟁이 일어났을 때 피난민들이 남쪽에 있는 부산으로 몰려들었습니다. 그 당시 부산 인구는 40여만 명이었는데, 다른 지역에서 (㉠   ) 피난민들로 인구가 두 배 이상 급격히 늘어났습니다. 사람들은 집 지을 곳이 부족해 산에도 판잣집♦을 짓고 살았습니다. 감천 문화 마을은 그때 산자락에 **형성**이 된 마을입니다. 작은 집들 사이로 복잡하고 구불구불한 골목길이 미로처럼 나 있습니다. 2000년대 들어 마을 곳곳에 벽화를 그리고 작은 박물관과 공방♦ 등을 만들어 문화적인 명소로 거듭났습니다.

부산 여행을 오신다면 감천 문화 마을에 꼭 들러 보세요.

▲ 부산 감천 문화 마을

♦ **명소:** 아름다운 경치나 유적, 특산물 등으로 널리 알려진 곳.
♦ **판잣집:** 판자로 사방을 이어 둘러서 벽을 만들고 허술하게 지은 집.
♦ **공방:** 공예품 등을 만드는 곳.

8 글쓴이가 부산에 대해 소개한 내용으로 알맞지 <u>않은</u> 것은 무엇인가요? (   )

① 우리나라를 대표하는 항구 도시이다.
② 2000년대 들어 부산 인구가 급격히 늘어났다.
③ 해운대 해수욕장, 자갈치 시장, 태종대 등이 있다.
④ 전국이 반나절 생활권이 되면서 많은 사람이 부산에 여행을 온다.
⑤ 감천 문화 마을은 산자락에 형성된 마을로 부산의 역사를 보여 준다.

9 ㉠에 들어갈 낱말로 알맞은 것은 무엇인가요? (   )

① 구입된   ② 분포한   ③ 유입된   ④ 증가한   ⑤ 추진한

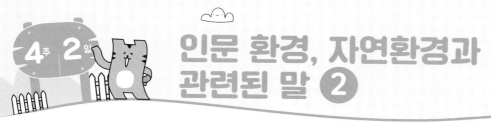

인문 환경, 자연환경과 관련된 말 ②

✏️ 다음 낱말의 뜻을 보고, 초성에 알맞은 낱말을 써넣어 대화를 완성하세요.

우리 지역 사람들은 어떤 일에 종사하고 있을까?

우리 지역은 자동차 ㅅ ㅇ 이 발달했으니까 자동차 ㄱ ㅇ 단지의 공장에서 일하는 사람이 많아.

공장에 필요한 ㅇ ㄹ 와 ㅁ ㅈ 의 ㄱ ㄱ 을 위해 ㅇ ㅅ ㅇ 에 종사하는 사람들도 있을 거야.

또 어떤 사람들은 얼마 전 시내에 ㅇ ㅇ ㅈ 으로 만들어진 상가에서 ㅅ ㅇ 을 할 테고.

많은 사람이 여러 분야에 종사하고 있구나!

오늘의 어휘

● **공급**(供 이바지할 공, 給 줄 급): 요구나 필요에 따라 물품 등을 제공함.

● **공업**(工 장인 공, 業 업 업): 사람의 힘이나 기계로 원료를 가공하여 상품이나 재료를 만드는 일.

● **물자**(物 만물 물, 資 재물 자): 어떤 활동에 필요한 여러 가지 물건이나 재료.

● **산업**(産 낳을 산, 業 업 업): 인간의 생활을 경제적으로 풍요롭게 하기 위해 물품이나 서비스를 생산하는 일.

● **상업**(商 장사 상, 業 업 업): 상품을 사고파는 행위를 통해 이익을 얻는 일.

● **운송업**(運 운전할 운, 送 보낼 송, 業 업 업): 돈을 받고 사람을 태워 나르거나 물건을 실어 나르는 일.
  비슷한말 운반업

● **원료**(原 근원 원, 料 헤아릴 료): 어떤 물건을 만드는 데 들어가는 재료.

● **인위적**(人 사람 인, 爲 할 위, 的 과녁 적): 자연의 힘이 아닌 사람의 힘으로 이루어지는 것.
  비슷한말 인공적 반대말 자연적

1 다음 낱말의 뜻에 알맞게 선으로 이으세요.

어휘
확인

(1) 공업 ·

(2) 물자 ·

(3) 운송업 ·

· ㉮ 어떤 활동에 필요한 여러 가지 물건이나 재료.

· ㉯ 돈을 받고 사람을 태워 나르거나 물건을 실어 나르는 일.

· ㉰ 사람의 힘이나 기계로 원료를 가공하여 상품이나 재료를 만드는 일.

2 다음 밑줄 친 낱말의 뜻에 맞게 알맞은 낱말을 찾아 ○표 하세요.

어휘
확인

(1) 두부는 콩을 원료로 한 식품이다.

➡ 어떤 물건을 만드는 데 들어가는 (돈, 재료).

(2) 이곳은 다양한 상점들이 모여 있는 상업 도시로 유명하다.

➡ 상품을 (만드는, 사고파는) 행위를 통해 이익을 얻는 일.

(3) 우리 동네는 저녁이 되면 많은 사람들이 인위적으로 만들어진 호수 주변을 산책한다.

➡ 자연의 힘이 아닌 (문화, 사람)의 힘으로 이루어지는 것.

3 다음 문장에 어울리는 낱말을 보기 에서 찾아 빈칸에 쓰세요.

어휘
적용

┌─────────── 보기 ───────────┐
공업, 물자, 운송업
└───────────────────────────┘

(1) 아빠는 공장에서 만든 가구를 트럭으로 실어 나르는 (   )을/를 하신다.

(2) 정부에서 홍수 피해를 입은 주민들에게 이불과 생필품 등의 (   )을/를 보냈다.

(3) 해안가에 있어서 완성된 제품을 수출하기에 편리한 울산, 포항, 창원 등에 많은 공장이 세워지고 (   ) 단지가 형성되었다.

4 다음 문장에 어울리는 낱말을 찾아 ○표 하세요.

어휘 적용

(1) 독특하고 아름다운 자연환경을 가진 제주도는 관광 (산업 / 원료)이/가 발달했다.

(2) 아파트 전기 시설이 고장 나서 전기 (공급 / 물자)이/가 한 시간 동안 중단되었다.

5 다음 글의 밑줄 친 낱말과 뜻이 반대인 낱말은 무엇인가요? (   )

어휘 확장

우리 가족은 수목원에 자주 나들이를 간다. 우리가 가장 좋아하는 수목원은 ○○수목원이다. 다른 수목원보다 <u>인위적</u>이지 않아서 ○○수목원에 오면 숲속에 있는 것 같다.

◆ **수목원**: 관찰이나 연구의 목적으로 여러 가지 나무를 수집하여 재배하는 시설.

① 물질적   ② 성공적   ③ 인공적   ④ 인상적   ⑤ 자연적

6 다음 대화의 밑줄 친 낱말과 바꾸어 쓸 수 있는 낱말에 ○표 하세요.

어휘 확장

진영: 어제 인터넷 쇼핑몰에서 주문한 옷이 벌써 도착했어요.
엄마: 우리나라는 <u>운송업</u>이 발달해서 신속한 택배 서비스가 이루어진단다.

(수공업, 운반업, 제조업)

관용 표현

7 다음 글에서 밑줄 친 한자 성어의 뜻으로 알맞은 것에 ○표 하세요.

우리나라에서 제철 **산업**이 가장 발달한 도시인 포항은 과거에 작은 어촌이었다. 이곳에 철광석에서 철을 뽑아내는 제철 공장을 대규모로 짓자, 일자리를 찾아 많은 사람이 포항으로 왔다. 인구가 증가하면서 여러 시설과 건물이 <u>우후죽순</u>으로 생겨나고 포항은 큰 도시로 발전했다. 산업의 발달은 작은 바닷가 마을이었던 포항을 크게 변화시켰다.

(1) 사람의 생각으로는 미루어 헤아릴 수 없이 이상하고 야릇함.   (   )

(2) 비가 온 뒤에 여기저기 솟는 죽순이라는 뜻으로, 어떤 일이 한때에 많이 생겨남을 이르는 말.   (   )

(3) 주인과 손님의 위치가 서로 뒤바뀌었다는 뜻으로, 일의 중요성이나 우선순위가 뒤바뀜을 이르는 말.   (   )

독해로
어휘 마무리

오늘의
나의 실력은?

최고야 좋았어 함내자

4주 2일
정답확인

[8~9] 다음 글을 읽고, 물음에 답하세요.

    입안에서 사르르 녹는 달콤한 초콜릿 좋아하지? 그런데 처음 초콜릿은 지금처럼 고체 형태가 아니라 마시는 음료였단다.

    2천여 년 전, 중앙아메리카의 마야족은 카카오 열매를 신이 준 선물로 여기며 신성시했어. 카카오 열매 안에 들어 있는 카카오 콩은 초콜릿의 ㉠자료인데, 마야족의 왕과 귀족들은 카카오 콩으로 초콜릿 음료를 만들어 먹었어. 마야족의 전통을 이어받은 아즈텍족도 카카오 콩을 빻은 가루를 물에 타 먹었어. 카카오 콩이 귀했기 때문에 특권층만이 피로를 풀어 주는 초콜릿 음료를 즐겨 마실 수 있었지.

    초콜릿이 넓은 세상으로 나온 건 유럽 강대국의 침략 때문이야. 스페인의 코르테스는 1521년에 아즈텍 제국을 멸망시키고 카카오 콩을 유럽으로 전했어. 유럽 사람들은 쌉쌀한 초콜릿 음료에 설탕을 넣어 마셨어. 달콤해진 초콜릿 음료는 큰 인기를 얻었지. 초콜릿 소비가 늘어나자 상인들은 카카오 열매 **공급**을 위해 아메리카에 카카오 농장을 만들었어.

    1828년에 타 먹기 쉽고 맛이 부드러운 초콜릿 가루가 나온 뒤 초콜릿 **산업**은 크게 발전했어. 다양한 고체 초콜릿이 등장하면서 마시는 초콜릿이 아니라 씹어 먹는 초콜릿의 시대를 열었지. 오늘날에도 초콜릿은 전 세계인의 입맛을 사로잡으며 사랑받고 있단다.

◆ **신성시했어:** 어떤 대상을 함부로 가까이 할 수 없을 만큼 귀하고 위대한 것으로 여겼어.
◆ **특권층:** 사회적으로 특별한 권리를 누리는 신분이나 계급.

8   고체 초콜릿이 등장하기까지의 과정 중 가장 나중에 있었던 일은 무엇인가요? (   )

① 유럽 사람들이 초콜릿 음료에 설탕을 넣어 마셨다.
② 타 먹기 쉽고 맛이 부드러운 초콜릿 가루가 나왔다.
③ 유럽 상인들이 아메리카에 카카오 농장을 만들었다.
④ 스페인의 코르테스가 카카오 콩을 유럽으로 전했다.
⑤ 마야족과 아즈텍족이 카카오 콩으로 초콜릿 음료를 만들어 마셨다.

9   ㉠을 바르게 고친 것은 무엇인가요? (   )

① 연료   ② 요리   ③ 원료   ④ 원조   ⑤ 음료

인문 환경, 자연환경과 관련된 말 ❸

✏️ 다음 낱말의 뜻을 보고, 밑줄 친 낱말을 알맞게 사용하였으면 ○표, 잘못 사용하였으면 ✕표 하세요.

평탄하다
(平 평평할 평, 坦 평평할 탄)
「1」 바닥이 평평하다.
「2」 일이 미리 생각한 대로 잘 되어 나가다.
예 큰길이 평탄하게 뻗어 있다.

비슷한말 평평하다

내륙
(內 안 내, 陸 뭍 륙)
바다에서 멀리 떨어져 있는 육지.
예 내륙 지방에서 태어나고 자란 향이는 스무 살 때 바다를 처음 보았다.

반대말 해안

고원
(高 높을 고, 原 근원 원)
높은 데에 있는 넓은 벌판.
예 드넓은 고원에서 목축업이 이루어지고 있다.

벌목
(伐 칠 벌, 木 나무 목)
산이나 숲에 있는 나무를 벰.
예 무분별한 벌목으로 산림이 파괴되고 있다.

하천
(河 강물 하, 川 내 천)
강과 시내를 아울러 이르는 말.
예 큰비가 쏟아져 홍수가 나서 하천이 흘러넘쳤다.

밀물
바닷물이 하루에 두 차례씩 밀려 들어와서 해수면이 높아지는 현상. 또는 그 바닷물.
예 갯벌에서 조개를 캐던 사람들은 밀물이 밀려 들기 전에 돌아갈 채비를 했다.

반대말 썰물

지대
(地 땅 지, 帶 띠 대)
자연적, 또는 인위적으로 어떤 특성에 따라 정해진 일정 구역.
예 넓고 평평한 평야 지대는 농사를 짓기에 좋다.

반도 (半 반 반, 島 섬 도)
대륙에서 바다 쪽으로 좁게 튀어나온, 삼면이 바다로 둘러싸이고 한 면은 육지에 이어진 땅.
예 반도는 대륙과 해양으로 모두 나아가기 쉽다는 장점이 있다.

우리 동네는 지대가 낮아서 장마 때 물에 잠긴 적이 있어.

도희 □

고원은 바다로 둘러싸인 곳이어서 경치가 좋아.

성준 □

공장에서 하천에 폐수를 흘려 보내서 물고기가 떼죽음을 당했어.

윤아 □

[8~9] 다음 대화를 읽고, 물음에 답하세요.

사회자: 「소중한 갯벌」은 서해안 갯벌의 모습을 카메라에 담은 ◆다큐멘터리입니다. 김○○ 감독님 모시고 작품에 대해 이야기 나누어 보겠습니다. 감독님, 안녕하세요? 우리나라의 자연환경 중 왜 갯벌을 찍으셨나요?

감독: 서해안 갯벌은 세계 5대 갯벌에 속할 정도로 가치가 있고 중요한 갯벌이에요. 그런데 사람들이 잘 모르는 것 같아 우리 갯벌에 대해 알리고 싶었어요.

사회자: 저도 서해안은 **밀물**과 썰물의 차이가 커서 갯벌이 발달했다는 정도만 알고 있어요.

감독: 서해안 갯벌은 규모가 커요. 썰물 때 바닷물이 빠져나가면 드넓고 ㉠**평탄한** 땅이 펼쳐져 그 끝을 볼 수 없을 정도지요. 갯벌에 사는 생물의 종류도 무척 다양하고요.

사회자: 저는 이 작품을 보고 갯벌을 왜 '바다의 청소부'라고 하는지 알게 됐어요.

감독: 바다로 흘러 들어가는 **하천**의 오염 물질을 갯벌에 사는 미생물들이 분해해 주지요.

사회자: 무엇보다 이 작품은 영상이 무척 아름다운데요. 노을 지는 갯벌에서 수백 마리 철새들이 날아오르는 장면은 정말 멋졌습니다.

감독: 아름다운 것은 사라지지 않게 지키고 싶잖아요? 그래서 시간과 정성을 들여 아름다운 갯벌의 모습을 카메라에 담았어요.

사회자: 「소중한 갯벌」을 보면 갯벌은 단지 진흙땅이 아니라 살아 숨 쉬는 수많은 생물들의 집이라는 것을 느끼게 됩니다. 여러분도 갯벌의 소중함을 느끼는 시간을 가져 보시면 어떨까요?

◆**다큐멘터리**: 실제로 있었던 일을 사실적으로 담은 영상물이나 기록물.

8 이 글을 읽고 알맞게 말한 친구에게 모두 ○표 하세요.

(1) 동규: 세계 5대 갯벌에 속하는 서해안 갯벌에 대해 알아봐야겠어.   (   )

(2) 서래: 감독은 우리나라의 자연환경 중에서 갯벌이 가장 아름답다고 하는데, 나는 갯벌보다 바다가 더 멋지다고 생각해.   (   )

(3) 은미: 사람들이 갯벌을 지키고 싶은 마음이 들도록 아름다운 갯벌의 모습을 카메라에 담았다는 감독의 말이 감동적이야.   (   )

9 ㉠과 바꾸어 쓸 수 있는 낱말은 무엇인가요? (   )

① 가파른   ② 복잡한   ③ 위험한   ④ 축축한   ⑤ 평평한

인문 환경, 자연환경과 관련된 말 ④

✏️ 다음 낱말의 뜻을 보고, 말풍선에서 알맞은 낱말을 찾아 ○표 하세요

1 꽃샘추위: 이른 봄, 꽃이 필 무렵의 추위.
예 꽃샘추위 때문에 날이 추우니 옷을 따뜻하게 입으렴. **비슷한말** 봄추위

2 등온선(等 같을 등, 溫 따뜻할 온, 線 선 선): 일기도에서 기온이 같은 곳을 연결한 선.
예 등온선을 통해 지역에 따라 1월의 평균 기온이 어떻게 다른지 알아보았다.

3 산사태(山 메 산, 沙 모래 사, 汰 미끄러울 태): 폭우나 지진, 화산 등으로 산 중턱의 바윗돌이나 흙이 갑자기 무너져 내리는 현상.
예 큰비가 와서 산사태가 일어났다.
비슷한말 산붕괴

4 온화(溫 따뜻할 온, 和 화목할 화)**하다**: 「1」 날씨가 맑고 따뜻하며 바람이 부드럽다.
「2」 성격, 태도 등이 온순하고 부드럽다.
예 연일 온화한 날씨가 이어졌다.

5 자연재해(自 스스로 자, 然 그럴 연, 災 재앙 재, 害 해로울 해): 홍수, 가뭄, 태풍, 지진, 화산 폭발 등 피할 수 없는 자연 현상으로 일어나는 피해.
예 세계 곳곳에서 홍수와 지진, 화산 폭발 등 자연재해가 일어나 큰 피해를 입었다.

6 평균(平 평평할 평, 均 고를 균): 여러 사물의 질이나 양 등을 통일적으로 고르게 한 것.
예 한 지역에서 오랜 기간에 걸쳐 나타난 기온, 비, 바람 등의 평균 상태를 '기후'라고 한다.

7 한랭(寒 찰 한, 冷 찰 랭)**하다**: 날씨 등이 춥고 차다.
예 이 나라는 일 년의 대부분이 한랭한 겨울 날씨이다.

8 해일(海 바다 해, 溢 넘칠 일): 갑자기 바닷물이 크게 일어서 육지로 넘쳐 들어오는 것. 또는 그런 현상. 바닷속의 지각 변동이나 해상의 기상 변화에 의하여 발생함.
예 지진으로 해일이 일어나 해안에 밀어닥쳤다.

올해는 홍수와 태풍 등의 (자연재해, 꽃샘추위)로 농사가 잘되지 않았습니다.

(1)

1월과 8월의 (평균, 한랭) 기온을 나타낸 등온선을 살펴보자.

우리나라는 북쪽으로 갈수록 기온이 낮아지는구나.

(2) 1월 평균기온 8월 평균기온

1 다음 뜻에 알맞은 낱말을 보기 에서 찾아 기호를 쓰세요.

어휘
확인

보기

ㄱ 평균　　ㄴ 해일　　ㄷ 꽃샘추위　　ㄹ 자연재해

(1) 이른 봄, 꽃이 필 무렵의 추위.　　　　　　　　　　　　(　　　　　　　)

(2) 여러 사물의 질이나 양 등을 통일적으로 고르게 한 것.　　(　　　　　　　)

(3) 갑자기 바닷물이 크게 일어서 육지로 넘쳐 들어오는 것. 또는 그런 현상.

(　　　　　　　)

(4) 홍수, 가뭄, 태풍, 지진, 화산 폭발 등 피할 수 없는 자연 현상으로 일어나는 피해.

(　　　　　　　)

2 다음 낱말의 뜻에 알맞은 낱말을 찾아 ○표 하세요.

어휘
확인

(1)　날씨 등이 춥고 차다.　　　　　　　　　(건조하다, 한랭하다)

(2)　날씨가 맑고 따뜻하며 바람이 부드럽다.　　(쌀쌀하다, 온화하다)

(3)　일기도에서 기온이 같은 곳을 연결한 선.　　(등고선, 등온선)

3 다음 낱말이 들어갈 문장을 찾아 선으로 이으세요.

어휘
적용

(1)　해일　　・

・㉮　(　　　　　　)이/가 찾아와서 두꺼운 겨울옷을 다시 꺼내 입었다.

(2)　산사태　　・

・㉯　짧은 시간 동안 많은 양의 폭우가 쏟아져 뒷산에 (　　　　　)이/가 났다.

(3)　꽃샘추위　　・

・㉰　(　　　　　　)이/가 밀어닥쳐 바닷가 마을이 물에 잠기고 큰 피해가 발생했다.

4 다음 빈칸에 공통으로 들어갈 낱말로 알맞은 것에 ○표 하세요.

어휘
적용

> • 한국인 ☐☐ 키가 남성은 172.5cm, 여성은 159.6cm로 조사됐다.
>
> • 지역별로 1년 ☐☐ 강수량을 비교해 보면 남부 지방이 북부 지방보다 많다.

(균형, 분산, 평균)

5 다음 중 밑줄 친 낱말을 알맞게 사용한 친구에게 모두 ○표 하세요.

어휘
적용

(1) 재민: 우리나라는 겨울에 북서쪽에서 <u>한랭하고</u> 건조한 바람이 불어와서 추워. (　　　)

(2) 시우: 우리나라 기후도의 <u>등온선</u>을 살펴보니 같은 1월이라도 해안 지역이 내륙 지역보다 더

따뜻했어. (　　　)

(3) 현태: 사는 곳의 지형과 기온에 따라 의식주 생활이 달라지는 것을 통해 <u>자연재해</u>가 사람들

의 생활 모습에 영향을 주는 것을 알 수 있어. (　　　)

6 다음 문장에서 밑줄 친 낱말의 뜻을 보기 에서 찾아 기호를 쓰세요.

어휘
확장

보기

> ㉠ 성격, 태도 등이 온순하고 부드러워서.
>
> ㉡ 날씨가 맑고 따뜻하며 바람이 부드러워서.

(1) 봄에는 날씨가 <u>온화해서</u> 걷기 여행을 하는 사람이 많다. (　　　)

(2) 할아버지께서는 성격이 <u>온화해서</u> 거의 화를 내지 않으신다. (　　　)

관용 표현

7 다음 글의 빈칸에 들어갈 속담으로 알맞은 것에 ○표 하세요.

　　태풍, 폭염, 한파 등 기후와 관련된 **자연재해**는 기상청의 기상 특보를 통해 어느 정도
예상할 수 있다. 하지만 지진은 언제 발생할지 미리 알기 어렵다. 강한 지진이 발생하면
건물이 무너지고 화재, **해일**, **산사태** 등도 함께 일어나 막대한 피해를 입는다. 우리나라에
서는 최근 지진이 발생하는 횟수가 늘어나고, 규모 5.0이 넘는 강한 지진도 발생하고 있
다. (　　　　　　) 일이 생기지 않도록 지진에 철저하게 대비해야 한다.

(1) 울며 겨자 먹는: 싫은 일을 억지로 마지못해 하는. (　　　)

(2) 하룻강아지 범 무서운 줄 모르는: 철없이 함부로 덤비는. (　　　)

(3) 소 잃고 외양간 고치는: 일이 이미 잘못된 뒤에 후회하고 손을 써도 소용이 없는. (　　　)

독해로
어휘 마무리

오늘의
나의 실력은?

최고야 좋았어 힘내자

4주 4일
정답확인

[8~9] 다음 기사문을 읽고, 물음에 답하세요.

기후 변화로 작물 재배지 북상
아열대 작물 재배 농가 늘어나

지구 온난화의 영향으로 우리나라의 **평균** 기온이 높아져 작물의 재배 지역이 점점 북쪽으로 이동하고, 아열대 작물을 재배하는 농가가 늘어나고 있다.

귤과 한라봉은 가을, 겨울에도 날씨가 ㉠**온화한** 제주도의 대표 작물이다. 그런데 최근에는 제주도보다 북쪽에 있는 지방에서도 재배한다. 경상북도 고령의 김○○ 씨는 "기후 변화로 고령의 특산물인 딸기와 호박의 생산량이 줄어들어 한라봉을 재배하기 시작했다."라고 말했다. 경상북도에서는 한라봉 외에도 애플망고, 바나나 등 다른 아열대 작물도 재배한다. 날이 더워질수록 대표 작물인 사과의 재배가 어려워 아열대 작물 재배에 적극 나선 것이다.

남부 지방보다 ㉡**한랭한** 강원 지역에서도 재배 작물에 변화가 생겼다. 기후 변화에 대응하기 위해 양구에서는 멜론 농사를 짓고, 고랭지 배추가 ㉢**유명한** 태백에서는 알로에 재배를 시작했다. 이처럼 전국적으로 아열대 작물의 재배 면적과 종류가 늘어났다. 기후 변화는 우리 식탁에 오르는 채소와 과일에까지 영향을 주고 있다.

– 원○○ 기자

◆ **북상:** 북쪽을 향하여 올라감.
◆ **재배하는:** 식물을 심어 가꾸는.
◆ **아열대:** 온대와 열대의 중간 기후대.
◆ **고랭지:** 해발 600미터 이상에 있는, 높고 기온이 낮은 지역.

8 이 기사문에서 전하려는 중심 내용으로 알맞은 것에 모두 ○표 하세요.

(1) 기후 변화로 작물의 재배 지역이 변하였다. ( )

(2) 지역 특산물 재배 농가가 어려움을 겪고 있다. ( )

(3) 아열대 작물을 재배하는 농가가 늘어나고 있다. ( )

(4) 평균 기온이 높아져서 제주도의 대표 작물이 바뀌었다. ( )

9 ㉠~㉢ 중 다음 밑줄 친 부분과 바꾸어 쓸 수 있는 낱말을 찾아 기호를 쓰세요.

날씨가 <u>맑고 따뜻한</u> 봄, 가을에는 야외에서 운동하기 좋다.

( )

인문 환경, 자연환경과 관련된 말

✏️ 다음 뜻에 알맞은 낱말을 가로, 세로, 대각선으로 찾아 연결하세요.

꽃	생	상	평	운	분	포	하	다
한	샘	활	업	균	송	인	구	원
랭	공	추	권	고	원	적	물	형
자	급	동	위	유	추	박	하	천
파	연	집	중	입	진	등	온	균
일	방	재	향	탄	하	평	반	벌
내	륙	물	해	안	다	도	자	목

🚗 **낱말 뜻**

1. 산이나 숲에 있는 나무를 벰.
2. 목표를 향하여 밀고 나아가다.
3. 이른 봄, 꽃이 필 무렵의 추위.
4. 강과 시내를 아울러 이르는 말.
5. 바다에서 멀리 떨어져 있는 육지.
6. 일정한 범위에 흩어져 퍼져 있다.
7. 요구나 필요에 따라 물품 등을 제공함.
8. 한 나라 또는 일정한 지역에 사는 사람의 수.
9. 상품을 사고파는 행위를 통해 이익을 얻는 일.
10. 홍수, 가뭄, 태풍, 지진, 화산 폭발 등 피할 수 없는 자연 현상으로 일어나는 피해.

[1~2] 다음 글의 밑줄 친 낱말과 뜻이 비슷한 낱말에 ○표 하세요.

1

인구가 밀집된 대도시에는 여러 가지 문제가 발생합니다. 정부에서는 주택 부족과 교통 혼잡 문제를 해결하기 위해 대도시 주변에 신도시를 건설해 인구를 분산시킵니다. 또한 녹지가 부족한 대도시 안에 <u>인위적</u>으로 공원을 만들어 대기 오염을 줄이고 시민들이 쾌적하게 생활할 수 있도록 합니다.

◆**녹지**: 천연적으로 풀이나 나무가 우거진 곳.

(계획적, 인공적, 천연적)

2

산림청이 산불, <u>산사태</u> 등의 산림 재난 대응을 강화한다. 기후 변화로 대형 산불이 나고, 집중 호우로 인한 산사태 발생이 증가하여 그 피해가 더욱 커지고 있기 때문이다. 산림청에서는 산불 진화 헬기를 늘리고, 산사태의 위험이 있는 지역을 관리하는 산사태 정보 시스템을 첨단 기술을 이용하여 개선하기로 했다.

(산기슭, 산붕괴, 산울림)

[3~4] 다음 관계의 두 낱말을 찾아 기호를 쓰세요.

3

우리 국토를 둘러싼 삼면의 ㉠<u>바다</u>는 각기 다른 특징을 가지고 있다. 동해안은 해안선이 단조롭고 모래사장이 펼쳐진 곳이 많아 해수욕장이 발달했다. 서해안은 ㉡<u>밀물</u>과 ㉢<u>썰물</u>의 차가 커서 ㉣<u>갯벌</u>이 발달했다. 남해안은 크고 작은 ㉤<u>섬</u>이 많아 다도해라고도 하는데, 수온이 알맞고 파도가 잔잔해 김, 전복 등의 양식업이 발달했다.

• 뜻이 반대인 낱말: [   ] ↔ [   ]

4

대관령 목장에 갔다. 입구부터 초원이 있는 곳까지 걸었다. 처음엔 ㉠<u>평탄한</u> 길이었는데, 중간부터는 ㉡<u>비탈진</u> 오르막길과 ㉢<u>평평한</u> 길이 번갈아 나왔다. 한 시간 정도 걸어가니 푸르른 풀밭이 ㉣<u>펼쳐졌다</u>. 해발 900미터가 넘는 고원에 ㉤<u>드넓은</u> 풀밭이 있어서 신기했다. 풀을 뜯고 있는 하얀 양들이 평화로워 보였다.

• 뜻이 비슷한 낱말: [   ] — [   ]

[5~6] 다음 글의 ⬭에 들어갈 알맞은 낱말을 찾아 √표 하세요.

5

　　내일 전국 곳곳의 아침 기온이 영하 5도까지 내려가 사흘째 꽃샘추위가 이어지겠습니다. 한낮 기온은 0도~3도로 쌀쌀하겠습니다. 모레는 전국적으로 봄비가 내린 뒤 기온이 올라가 꽃샘추위가 물러가겠습니다. 토요일에는 낮 기온이 15도까지 올라 ⬭ 봄 날씨가 예상됩니다. 주말 나들이 계획 세우셔도 되겠습니다.

① 무더운　　　② 온화한　　　③ 은은한　　　④ 평온한　　　⑤ 한랭한

6

　　교통의 발달은 사람과 물자의 이동을 활발하게 해 주고 이동 시간을 줄여 준다. 도로와 자동차가 없던 옛날에는 주로 한 지역 안에서 생활했다. 오늘날에는 다른 지역에 있는 회사에 다닐 수 있고 전국 어디든 하루 안에 갈 수 있다. 이에 따라 지역 간의 거리가 점점 가깝게 느껴지고 사람들의 ⬭이/가 넓어지고 있다.

① 경쟁심　　　② 다양성　　　③ 사고력　　　④ 생활권　　　⑤ 저작권

[7~8] 다음 글의 밑줄 친 낱말을 넣어 문장을 만들어 쓰세요.

　　연우가 할머니와 함께 화장품 가게에 갔다. 할머니께서는 화장품 포장 상자에 적혀 있는 원료를 꼼꼼히 살펴보시며 말씀하셨다.
　　"피부에 바르는 화장품이니 아무 거나 사면 안 되지. 잘 골라야 해."
　　연우가 할머니께 ○○크림을 드리며 말했다.
　　"할머니, 이거 어때요? 노년층을 위한 제품이고 천연 원료로만 만든 거래요."
　　할머니께서는 ○○크림을 살펴보시더니 환하게 웃으셨다.
　　"우리 연우가 나한테 딱 맞는 걸 찾았구나. 이걸로 사야겠다."

7　**원료** : 어떤 물건을 만드는 데 들어가는 재료.

_____

8　**노년층** : 사회 구성원 가운데 나이가 많이 들어 늙은 시기에 있는 사람을 통틀어 이르는 말.

_____

한 걸음 더!

오늘의
나의 실력은?

 최고야
 좋았어
 힘내자

4주 5일
정답확인

○ '地'(지)가 들어간 낱말은 '땅, 곳'과 관련 있어요. '地'(지)가 들어간 낱말을 알아보아요.

양지

따뜻한 볕이 바로 드는 곳.

지하

땅속이나 땅을 파고
그 아래에 만든 구조물의 공간.

地
땅 지

지평선

평평한 땅의 끝과
하늘이 맞닿아 경계를 이루는 선.

관광지

경치가 뛰어나거나 유적지,
온천 등이 있어 관광할 만한 곳.

 Q 다음 문장에 알맞은 낱말을 찾아 ○표 하세요.

(1) 마을 뒷산에 올라 멀리 (지하, 지평선)을/를 바라보았다.

(2) 아이들이 따뜻한 (양지, 지평선)에 모여 앉아 소꿉놀이를 하고 있다.

(3) 우리 가족은 건물 (지하, 관광지) 주차장에 차를 대고 5층에 있는 음식점으로 올라갔다.

옛날과 오늘날의 문화와 관련된 말 ①

✏️ 다음 낱말이 사용된 상황을 보고, 뜻에 맞는 낱말을 써넣어 사전을 완성하세요.

고구려의 전성기를 이끈 왕인 장수왕은 적극적인 정복 활동을 펼쳤던 광개토 대왕의 아들이에요.

광개토 대왕 / 장수왕

장수왕은 나라를 더 발전시키기 위해 남쪽으로 진출했지요. 평양성으로 수도를 이전하는 등 남진 정책을 펼쳤어요.

남쪽으로 가자!

국내성 / 평양성

위협을 느낀 백제와 신라는 동맹을 맺어 병력을 병합해 대항했지만, 고구려에게 수난을 당하고 굴복했어요.

힘을 합쳐도 역부족이네.

백제 / 신라

고구려는 백제와 신라를 토벌한 후 영토를 점령하고 확장하여 한강 지역을 포함한 넓은 영토를 차지했어요.

어휘 사전

❶ ㄱ ㅂ (屈 굽을 굴, 伏 엎드릴 복)**하다**
: 힘이 없어 자신의 뜻을 굽히고 남의 뜻이나 명령에 따르다. 비슷한말 복종하다

❷ ㅂ ㅎ (倂 나란히할 병, 合 합할 합)**하다**
: 둘 이상의 기구나 단체, 나라 등이 하나로 합쳐지다. 또는 그렇게 만들다.
비슷한말 합병하다

❸ ㅅ ㄴ (受 받을 수, 難 어려울 난)
: 견디기 힘든 어려운 일을 당함.

❹ ㅈ ㅂ (征 칠 정, 服 입을 복)
: 다른 민족이나 나라를 무력으로 쳐서 복종시킴.

❺ ㅈ ㄹ (占 차지할 점, 領 거느릴 령)**하다**
: 적군의 영토를 무력으로 빼앗아 차지하다. 비슷한말 점거하다

❻ ㅈ ㅊ (進 나아갈 진, 出 날 출)**하다**
: 어떤 방면으로 활동 범위나 세력을 넓혀 나아가다.

❼ ㅌ ㅂ (討 칠 토, 伐 칠 벌)**하다**
: 무력으로 쳐 없애다.

❽ ㅎ ㅈ (擴 넓힐 확, 張 베풀 장)**하다**
: 범위, 규모, 세력 등을 늘려서 넓히다.
비슷한말 넓히다, 확대하다

1 다음 낱말의 뜻으로 알맞은 것을 찾아 ○표 하세요.

어휘
확인

확장하다
- (1) 범위, 규모, 세력 등을 늘려서 넓히다. ( )
- (2) 직접 관계가 없는 남의 일에 참견하다. ( )

진출하다
- (1) 어떤 방면으로 활동 범위나 세력을 넓혀 나아가다. ( )
- (2) 둘 이상의 기구나 단체, 나라 등이 하나로 합쳐지다. ( )

2 다음 낱말의 뜻을 보기에서 찾아 기호를 쓰세요.

어휘
확인

보기

ㄱ 무력으로 쳐 없애다.
ㄴ 적군의 영토를 무력으로 빼앗아 차지하다.
ㄷ 둘 이상의 기구나 단체, 나라 등이 하나로 합쳐지다.
ㄹ 힘이 없어 자신의 뜻을 굽히고 남의 뜻이나 명령에 따르다.

(1) 굴복하다 … ( )   (2) 병합하다 … ( )

(3) 점령하다 … ( )   (4) 토벌하다 … ( )

3 문장에 어울리는 낱말을 보기에서 찾아 빈칸에 쓰세요.

어휘
적용

보기

수난, 진출, 토벌

(1) 장군은 반란군을 ( )하기 위해 군사들을 데리고 떠났다.

(2) 고려인들은 오랫동안 몽골의 침략을 당하는 ( )을 겪었다.

(3) 왕자는 왕이 된 후 세력을 먼 곳까지 ( )하기 위해 노력하였다.

4 밑줄 친 낱말을 잘못 사용한 친구의 이름을 쓰세요.

어휘
적용

수빈: 경찰은 그 사람이 범인이라는 사실을 <u>확장</u>하였어.

인우: 군인들은 <u>점령했던</u> 지역을 사람들에게 돌려주었어.

채아: 힘이 약해진 그 나라는 결국 다른 나라에 <u>정복</u>을 당했어.

( )

5 다음 밑줄 친 낱말과 뜻이 비슷한 낱말은 무엇인가요? (   )

> 적군이 평화로웠던 마을을 공격하였다. 적군은 며칠 내에 마을을 차지할 수 있을 것이라고 생각했지만, 마을 사람들은 적에게 결코 <u>굴복하지</u> 않았다.

① 복구하지　　　　② 복사하지　　　　③ 복습하지
④ 복잡하지　　　　⑤ 복종하지

6 다음 밑줄 친 낱말과 바꾸어 쓸 수 있는 낱말을 보기에서 각각 찾아 쓰세요.

보기

점령해서, 확장해서, 병합해서

(1) 두 기업이 <u>합병해서</u> 거대 기업이 되었다.　　　　　　　　　　(　　　　　　　　)
(2) 큰 나라가 작고 힘이 약한 나라를 <u>점거해서</u> 저항이 거세다.　　　(　　　　　　　　)
(3) 바다를 건넌 상인들은 외국으로 활동 범위를 <u>넓혀서</u> 장사를 하였다.

(　　　　　　　　)

관용 표현

7 다음 밑줄 친 부분에 어울리는 한자 성어를 찾아 ○표 하세요.

> 여러 전투를 승리로 이끌고 왜적을 **토벌하며** 높은 자리에 올랐던 이순신은 모함을 받아 감옥에 갇히고 말았다. 그런데 이순신이 자리를 비우자 조선 수군은 왜적에게 패하기 시작했다. 결국 임금은 다시 이순신을 전쟁터로 나가게 하였고, <u>이순신은 벼슬 없이 전쟁에 참여해 왜적과 싸우다</u> 수군통제사의 벼슬을 얻게 되었다.

(1) 백의종군(白衣從軍): 벼슬 없이 군대를 따라 싸움터로 감.　　　　　　(　　　　)
(2) 수수방관(袖手傍觀): 간섭하거나 거들지 않고 그대로 버려둠.　　　　　(　　　　)
(3) 속수무책(束手無策): 손을 묶은 것처럼 어찌할 도리가 없어 꼼짝 못 함.　(　　　　)

독해로
어휘 마무리

오늘의
나의 실력은?
최고야 좋았어 함내자

5주 1일
정답확인

[8~9] 다음 글을 읽고, 물음에 답하세요.

을지문덕과 군사들, 수나라를 무찌르다

612년 수나라의 양제는 113만의 대규모 군대를 이끌고 고구려 **정복**을 하고자 공격하였다. 수나라의 뛰어난 장수였던 우중문과 우문술은 100일치의 식량을 받아 30만여 명의 군대를 이끌고 먼저 압록강 서쪽에 **진출하였다.** 두 장수는 이곳에서 양제와 만난 후 함께 남쪽으로 내려가 고구려를 **점령할** 계획을 세웠다. 그런데 전쟁이 그들의 예상과 달리 오랫동안 지속되는 바람에 수나라 군사들은 식량이 떨어져 굶어야 하는 (㉠)을 겪어야 했다.

고구려의 장수 을지문덕은 수나라 군대와 싸움이 있을 때마다 일부러 거짓으로 패배하며 수나라 군대에게 퇴각할 구실을 만들어 주었다. 마침 식량 부족과 피로로 곤란을 겪고 있던 수나라 군대는 회군을 결정하였다. 그러자 을지문덕이 반격을 시작했다. 을지문덕은 수나라 군대를 산으로 둘러싸인 살수 지역까지 유인한 후 그들이 도망가지 못하도록 뒤쪽에서부터 공격하였다. 이 싸움에서 살아서 도망친 수나라 군인은 불과 2천 7백여 명뿐이었다. 살수 대첩의 큰 승리로 고구려와 수나라의 전쟁은 끝이 났다.

◆ **퇴각할:** 뒤로 물러갈.
◆ **회군:** 군사를 돌이켜 돌아가거나 돌아옴.

8 ㉠에 들어갈 낱말과 뜻으로 알맞은 것에 ○표 하세요.

(1) 토벌: 무력으로 쳐 없앰. ( )

(2) 수난: 견디기 힘든 어려운 일을 당함. ( )

(3) 진출: 어떤 방면으로 활동 범위나 세력을 넓혀 나아감. ( )

9 을지문덕이 수나라 군대를 살수로 오게 하기 위해 쓴 방법은 무엇인가요? ( )

① 부족한 식량을 나눠 주었다.
② 싸움에서 계속 이겨 화나게 하였다.
③ 살수에서 기다리겠다는 편지를 보냈다.
④ 고구려를 이기지 못할 것이라며 약을 올렸다.
⑤ 싸움에 일부러 져서 퇴각할 구실을 만들어 주었다.

5주 2일 옛날과 오늘날의 문화와 관련된 말 ②

✏️ 다음 낱말의 뜻을 보고, 초성에 알맞은 낱말을 써넣어 대화를 완성하세요.

918년 왕건이 ㄱㄱ 해서 찬란한 ㅈㅅㄱ 를 누리다가 ㅅㅌ 하여 1392년에 멸망한 '고려'라는 나라를 알고 있니?

알지, 개경을 ㄷㅇㅈ 로 삼고 후삼국을 통일한 나라잖아. 고려청자 같은 ㄷㅊㅅ 이 담긴 문화를 향유하고, 과거제와 같은 다양한 제도를 시행했지.

맞아, 원래 양인이었던 노비를 해방하는 노비안검법도 시행하고, 농업 생산의 손실이 크면 조세를 ㅁㅈ 해 주는 등의 사회 복지 제도도 시행했어.

다른 나라와의 관계는 어땠는지 아니?

거란의 침입을 막기 위해 천리장성을 ㅊㅈ 하는 한편, 원나라의 간섭을 받았던 후기에는 ㄱㅎ 정치를 시행하려고 했어.

오늘의 어휘

● **개혁**(改 고칠 개, 革 가죽 혁): 제도나 기구 등을 새롭게 뜯어고침. 〔비슷한말〕 쇄신

● **건국**(建 세울 건, 國 나라 국)**하다**: 나라가 세워지다. 또는 나라를 세우다. 〔비슷한말〕 개국하다

● **도읍지**(都 도읍 도, 邑 고을 읍, 地 땅 지): 옛날에 한 나라의 수도인 곳.

● **독창성**(獨 홀로 독, 創 비롯할 창, 性 성품 성): 다른 것을 모방하지 않고 새로운 것을 생각해 내거나 만들어 내는 성질.

● **면제**(免 면할 면, 除 덜 제)**하다**: 책임이나 의무에서 벗어나게 하다. 〔비슷한말〕 면책하다

● **쇠퇴**(衰 쇠할 쇠, 退 물러날 퇴)**하다**: 강하게 일어났던 현상이나 세력, 기운 등이 약해지다. 〔비슷한말〕 감퇴하다

● **전성기**(全 온전할 전, 盛 성할 성, 期 기약할 기): 형세나 세력 등이 한창 왕성한 시기. 〔비슷한말〕 황금기

● **축조**(築 쌓을 축, 造 지을 조)**하다**: 쌓아서 만들다. 〔비슷한말〕 건축하다

1

어휘
확인

다음 밑줄 친 낱말의 뜻에 알맞은 말을 찾아 ○표 하세요.

(1)

새로운 왕이 즉위한 후 그 나라는 전성기를 맞이했다.

➡ 형세나 세력 등이 한창 (왕성한, 위축된) 시기.

(2)

국가의 경제적 위기를 극복하기 위해 화폐 개혁이 시행되었다.

➡ 제도나 기구 등을 (낯설게, 새롭게) 뜯어고침.

2

어휘
확인

다음 낱말의 뜻풀이에 들어갈 알맞은 말을 보기에서 찾아 쓰세요.

보기

모방, 수도, 의무

(1) 도읍지: 옛날에 한 나라의 (   )인 곳.

(2) 면제하다: 책임이나 (   )에서 벗어나게 하다.

(3) 독창성: 다른 것을 (   )하지 않고 새로운 것을 생각해 내거나 만들어 내
는 성질.

3

어휘
적용

다음 중 빈칸에 '건국'이 들어가기에 알맞지 않은 문장을 찾아 기호를 쓰세요.

㉠ 월드컵 경기를 하기 위해 경기장을 (   )하였다.
㉡ 오늘 역사 수업 시간에 고구려를 (   )한 주몽에 대해 배웠다.
㉢ 단군 신화에는 고조선이라는 나라를 (   )한 이야기가 담겨 있다.

(   )

4

어휘
적용

다음 중 밑줄 친 낱말을 알맞게 사용하지 못한 문장은 무엇인가요? (   )

① 농민들은 삶이 어려워지자 세금 제도 개혁을 주장하였다.
② 피라미드를 축조하는 데 셀 수 없이 많은 사람들이 참여하였다.
③ 가전제품 회사에서는 고객들의 냉장고 수리비를 면제해 주었다.
④ 그 선수는 뛰어난 실력으로 우리나라 야구를 전성기로 이끌었다.
⑤ 전쟁이 끝나고 나라의 문화가 점차 쇠퇴하여 백성들이 평화롭게 지냈다.

5 다음 밑줄 친 낱말과 뜻이 비슷한 낱말은 무엇인가요? (   )

어휘
확장

> 그녀는 7살에 처음으로 피겨 스케이팅을 시작했는데, 세계 신기록을 11번이나 새롭게 쓴 대단한 선수이다. 그녀는 <u>전성기</u> 때 여왕이라고 불릴 만큼 뛰어난 실력을 가진 선수였다.

① 과도기   ② 권태기   ③ 사춘기
④ 상반기   ⑤ 황금기

6 다음 낱말의 기본형과 뜻이 비슷한 낱말을 찾아 선으로 이으세요.

어휘
확장

(1) 마을에서는 무너진 둑을 <u>축조하기</u> 위해 돈을 모았다.   • ㉮ 면책하다

(2) 그는 이번 사태에 대한 내 책임을 <u>면제해</u> 줄 수 없다고 하였다.   • ㉯ 건축하다

(3) 석탄 산업이 <u>쇠퇴하면서</u> 탄광이 있던 마을이 낙후되기 시작했다.   • ㉰ 감퇴하다

관용 표현

7 다음 밑줄 친 부분에 어울리는 한자 성어를 찾아 ○표 하세요.

> 우리나라 국가 대표 수영 선수들은 올림픽에서 최고 기록을 내겠다는 목표를 세웠습니다. 그들은 2년 동안 매일 힘든 훈련을 했습니다. 올림픽 무대에 선 선수들의 실력은 한국 신기록을 세울 정도로 <u>뛰어나게 발전하여</u> 사람들을 놀라게 했습니다. 최선을 다한 선수들은 화려한 **전성기**를 맞았습니다.

(1) 일취월장(日就月將): 나날이 다달이 자라거나 발전함.   (   )
(2) 과유불급(過猶不及): 정도가 지나침은 미치지 못함과 같다.   (   )
(3) 외강내유(外剛內柔): 겉으로 보기에는 강하게 보이나 속은 부드러움.   (   )

독해로
어휘 마무리

오늘의
나의 실력은?
최고야 좋았어 힘내자

5주 2일
정답확인

[8~9] 다음 글을 읽고, 물음에 답하세요.

　조선을 ㉠**건국한** 태조 이성계는 **도읍지**를 한양으로 옮기기로 하였다. 이를 위해 1394년에 경복궁을 **축조하기** 시작하여 이듬해에 완성하였다. 그 후 정종이 왕이 되면서 도읍을 다시 개성으로 옮겨 궁이 비게 되었으나, 태종이 즉위한 후 다시 한양으로 돌아와 경복궁을 사용하게 되었다. 태종은 경복궁 안에 연못을 넓게 파고 큰 누각인 경회루를 지었으며, 세종은 경복궁에 집현전을 두고 학문을 연구하는 신하들을 가까이 두었다.

　그런데 경복궁은 임진왜란을 겪으면서 창덕궁, 창경궁 등 많은 궁들과 함께 불에 타 버리고 말았다. 그 후 많은 왕들이 경복궁을 다시 짓고자 하였으나 여러 가지 이유로 결국 실현되지 못했다. 조선을 개국한 시기 즈음에 지어진 경복궁은 소실된 지 약 270년이 지난 후인 1867년에 흥선 대원군의 강력한 의지로 중건 공사가 이루어졌다. 그 이후 조선이 외국 열강들에 의해 혼란을 겪으며 경복궁의 많은 건물들이 없어졌으나 경복궁은 조선 왕조의 **전성기**를 보여 주는 중요한 유적이라고 할 수 있다.

▲ 경복궁 내 근정전의 모습

◆ **즉위한:** 임금이 될 사람이 임금의 자리에 오른.
◆ **누각:** 사방을 바라볼 수 있도록 문과 벽이 없이 다락처럼 높이 지은 집.
◆ **소실된:** 불에 타서 사라진.
◆ **중건:** 절이나 왕궁 등을 보수하거나 고쳐 지음.
◆ **열강:** 여러 강한 나라.

8　㉠과 뜻이 비슷한 낱말을 이 글에서 찾아 쓰세요.

(　　　　　　　　　　)

9　이 글의 내용으로 알맞지 <u>않은</u> 것은 무엇인가요? (　　　　　)

① 경복궁은 짓기 시작한 다음 해에 완성되었다.
② 태조는 경복궁 안에 커다란 연못을 만들고 누각을 지었다.
③ 경복궁은 임진왜란 때 불에 탄 후 오랫동안 복원되지 못했다.
④ 흥선 대원군은 경복궁을 중건하겠다는 강한 의지를 가지고 있었다.
⑤ 세종은 경복궁에 집현전을 두고 학문을 연구하는 신하들을 가까이 두었다.

옛날과 오늘날의 문화와 관련된 말 ③

✎ 다음 낱말의 뜻을 보고, 밑줄 친 낱말을 알맞게 사용하였으면 ○표, 잘못 사용하였으면 ✕표 하세요.

창제하다
(創 비롯할 창, 製 지을 제)
전에 없던 것을 처음으로 만들거나 정하다.
예 세종 대왕이 1443년에 한글을 창제하다.

무방하다
(無 없을 무, 妨 방해할 방)
거리낄 것이 없이 괜찮다.
예 동생이 내 방에서 공부하여도 무방하다.
비슷한말 상관없다

화려하다
(華 빛날 화, 麗 고울 려)
곱고 아름다우며 환하게 빛나 보기에 좋다.
예 건물 위로 화려한 불꽃놀이가 펼쳐졌다.

유물
(遺 남길 유, 物 물건 물)
앞선 시대에 살았던 사람들이 후대에 남긴 물건.
예 선사 시대의 유물이 발견되었다.

농한기
(農 농사 농, 閑 한가할 한, 期 기약할 기)
농사일이 바쁘지 않아서 시간적인 여유가 많은 시기.
예 농부들은 추수가 끝나고 농한기에 들어서야지만 쉴 수 있었다.
반대말 농번기

신분
(身 몸 신, 分 나눌 분)
「1」 개인이 사회에서 가지는 역할이나 지위. 「2」 봉건 사회에서 제도적으로 개인에게 주어진 지위나 서열.
예 조선 시대에는 신분에 따라 입는 옷이 달랐다.
비슷한말 계급

효험
(效 본받을 효, 驗 시험 험)
어떤 일이나 작용의 좋은 보람이나 결과.
예 감기에 효험이 좋은 약을 먹었다.
비슷한말 효과

겨레
같은 조상을 섬기며 역사를 함께하는 민족.
예 한 민족이 사용하는 언어 속에는 그 겨레의 문화가 녹아있다.
비슷한말 민족

효험이 좋은 약을 먹고 아팠던 무릎이 나았어.

아인 ___

잔치가 시작되자 화려하게 꾸민 사람들이 연회장으로 모여들었어.

시아 ___

농한기라서 농촌에 사는 모든 사람들이 밤낮으로 일하고 있어.

도윤 ___

1 다음 낱말의 뜻을 보기 에서 찾아 기호를 쓰세요.

어휘
확인

> 보기
>
> ㉠ 어떤 일이나 작용의 좋은 보람이나 결과.
> ㉡ 같은 조상을 섬기며 역사를 함께하는 민족.
> ㉢ 앞선 시대에 살았던 사람들이 후대에 남긴 물건.
> ㉣ 봉건 사회에서 제도적으로 개인에게 주어진 지위나 서열.

(1) 겨레 … (   )   (2) 신분 … (   )

(3) 유물 … (   )   (4) 효험 … (   )

2 다음 낱말의 뜻에 알맞은 낱말을 찾아 ○표 하세요.

어휘
확인

(1) 무방하다   거리낄 것이 없이 (괜찮다, 조용하다).

(2) 창제하다   전에 없던 것을 (처음으로, 마지막으로) 만들거나 정하다.

(3) 농한기   농사일이 (바쁘지, 편하지) 않아서 시간적인 여유가 많은 시기.

3 다음 중 빈칸에 '효험'이 들어가기에 알맞은 문장을 찾아 기호를 쓰세요.

어휘
적용

> ㉠ 우리는 과학실에서 알갱이의 크기를 재는 (   )을 하였다.
> ㉡ 길을 건널 때 신호를 지키지 않으면 (   )이 생길 수 있다.
> ㉢ 의사는 기침하는 어린이 환자에게 특히 (   )이 있는 약을 처방하였다.

(   )

4 다음 빈칸에 공통으로 들어갈 낱말을 쓰세요.

어휘
적용

> • 학생 ☐☐ 에 맞는 단정한 옷차림을 하다.
>
> • 과거에는 노비의 자식으로 태어나 평생 노비 ☐☐ 으로 산 사람들이 있었다.

(   )

5 다음 글에서 빈칸에 들어갈 알맞은 낱말을 쓰세요.

옛날 우리 조상들은 한자로 글을 적었습니다. 하지만 한자만으로는 우리말을 온전하게 적을 수 없었고, 백성들이 한자를 익히는 것은 매우 어려운 일이었습니다. 이를 안타깝게 여긴 세종 대왕은 신하들의 반대를 무릅쓰고 우리말을 적을 수 있는 글자인 훈민정음을 새롭게 (　　　　　　　)하였습니다. 훈민정음은 '백성을 가르치는 바른 소리'라는 뜻입니다.

(　　　　　　　　　　　　)

6 다음 글에서 밑줄 친 낱말과 뜻이 비슷한 낱말은 무엇인가요? (　　　　　)

유통 기한이 지난 달걀은 먹어도 될까? 달걀을 냉장고에 보관했을 경우 유통 기한이 지났더라도 소비 기한이 지나지 않았다면 먹어도 <u>무방하다</u>. 단 소금물에 넣었을 때 물 위에 동동 뜨는 것은 신선하지 않은 달걀이니 물 아래 가라앉는 달걀만 먹도록 한다.

① 다름없다 　　　　　　② 상관없다 　　　　　　③ 소용없다
④ 쓸데없다 　　　　　　⑤ 틀림없다

관용 표현

7 다음 글을 읽고, 밑줄 친 한자 성어를 알맞게 사용한 문장에 ○표 하세요.

옛날 중국 양나라의 장승요라는 사람이 살아 있는 것 같은 화려한 용을 그린 뒤에 눈동자를 그려 넣었더니 그림 속의 용이 실제 용이 되어 하늘로 날아갔다고 한다. 이로부터 '화룡점정'이라는 말이 유래되었다. 화룡점정은 용을 그린 뒤 마지막으로 눈동자를 찍는다는 뜻으로, 무슨 일을 하는 데에 가장 중요한 부분을 완성함을 빗대어 표현하는 말이다. '이번 연말 시상식 무대의 화룡점정은 **화려한** 불꽃놀이였어.'와 같이 쓸 수 있다.

(1) 이 은혜는 잊지 않고 있다가 언젠가 꼭 <u>화룡점정</u>하겠어. 　　　　　(　　　)
(2) 두 선수의 수영 실력이 <u>화룡점정</u>이라서 누가 이길지 모르겠어. 　　　(　　　)
(3) 이번 축구 경기의 <u>화룡점정</u>은 역전승을 불러온 마지막 골이었어. 　　(　　　)

독해로
어휘 마무리

오늘의
나의 실력은?

최고야 좋았어 힘내자

5주 3일
정답확인

[8~9] 다음 글을 읽고, 물음에 답하세요.

조선 시대의 법적인 **신분**은 양인과 천인만 나눈 양천제였다. 그중 양인은 현실적으로 양반, 중인, 상민으로 나뉘었는데, 전체 인구의 대부분은 상민이 차지했다. 상민의 직업은 대부분 농민이었다. 예로부터 우리 **겨레**는 국가적으로 농업이 중요한 경제 기반이었기 때문에 나라에서 백성들에게 농업을 장려하였다. 따라서 나라에서는 상민 중에서도 농민을 가장 귀하게 여겼다.

조선의 농업은 대부분 벼농사였는데, 벼농사를 주로 하는 농촌에서는 ㉠**농한기**라고 하는 특수한 시기가 있었다. 벼농사는 모내기를 하는 봄부터 추수를 하는 가을까지는 매우 바쁘지만, 추수가 끝난 후 다음 해 모내기를 하기 전까지는 한가한 시기가 생기게 된다. 이 시기를 농한기라고 하며, 농민들이 고된 농사일을 내려놓고 쉴 수 있는 때였다.

그러나 농사일을 하지 않는 겨울에도 농민들이 정말로 쉬기만 한 것은 아니다. 농민들은 겨울을 나기 위해 김장을 하고, 소에게 먹일 먹이와 난방을 위한 땔나무도 미리 준비했다. 또한 이듬해 사용할 농기구를 수리하거나 새로 만들기도 하였으며 병을 치료하는 데 **효험**이 있는 약초를 캐러 다니기도 하였다.

◆ **기반**: 기초가 되는 바탕.
◆ **장려하였다**: 좋은 일에 힘쓰도록 북돋아 주었다.

8 ㉠과 뜻이 반대인 낱말과 그 뜻을 알맞게 말한 친구의 이름을 쓰세요.

> 수영: '농사를 짓는 시기.'를 말하는 '농경기'가 반대되는 말이야.
> 지민: '농사일이 매우 바쁜 시기.'를 말하는 '농번기'가 반대되는 말이야.
> 온조: '농촌이 경제적으로 가장 빈곤한 시기.'를 말하는 '농궁기'가 반대되는 말이야.

( )

9 이 글의 내용으로 알맞은 것은 무엇인가요? ( )

① 조선 시대에는 양반과 농민으로 나누는 신분 제도가 있었다.
② 조선의 전체 인구 중 대부분은 장사를 하는 상인이 차지하였다.
③ 옛날부터 농민을 귀하게 여겼으며 나라에서 농업을 장려하였다.
④ 농한기는 모내기를 하는 봄부터 추수를 하는 가을까지의 기간이다.
⑤ 농민들은 농사일을 하지 않는 겨울에는 아무 일도 하지 않고 쉬었다.

옛날과 오늘날의 문화와 관련된 말 ④

✎ 다음 낱말의 뜻을 보고, 말풍선에서 알맞은 낱말을 찾아 ○표 하세요.

1 근대화(近 가까울 근, 代 대신할 대, 化 될 화)
: 사회와 문화 등이 근대의 특성을 받아들여 발전됨.
예 공장의 설비가 근대화를 이루었다.

2 법규(法 법도 법, 規 법 규)
: 법으로 정해져서 지키거나 따라야 할 규칙이나 규범.
예 경찰은 교통 법규를 위반한 사람에게 벌금을 부과하였다.

3 신소재(新 새로울 신, 素 본디 소, 材 재목 재)
: 이전에 없던 뛰어난 특성을 지닌 재료.
예 신소재가 들어간 그 제품은 다른 제품보다 수명이 길다.

4 양극화(兩 두 양, 極 지극할 극, 化 될 화)
: 서로 점점 더 달라지고 멀어짐.
예 도시와 시골 간의 양극화를 해소해야 한다.

5 언론(言 말씀 언, 論 논의할 론)
: 신문이나 방송 등의 매체에서 어떤 사실이나 의견을 널리 알리는 것.
예 사건을 신문사 등의 언론에서 크게 보도했다.

6 유망(有 있을 유, 望 바랄 망)**하다**
: 앞으로 잘될 듯한 희망이나 가능성이 있다.
예 그 기업은 장래가 유망하다.

7 전망(展 펼 전, 望 바랄 망)
:「1」넓고 먼 곳을 멀리 바라봄. 또는 멀리 내다보이는 경치.「2」앞날을 헤아려 내다봄. 또는 내다보이는 장래의 상황.
예 그 사업은 전망이 밝다.
비슷한말 예상

8 증후군(症 증세 증, 候 기후 후, 群 무리 군)
: 직접적인 원인이 무엇인지 분명하지 않은 채 한꺼번에 나타나는 여러 가지 병적인 증세.
예 많은 사람이 만성 피로 증후군을 앓고 있다.

생활에 다양하게 도움을 줄 수 있는 (1)(신소재, 양극화)가 개발되었대.

신문이나 뉴스 같은 (2)(언론, 법규) 매체들이 앞다투어 보도했네요.

신소재를 활용할 수 있는 다양한 사업들의 (3)(전망, 증후군)이 무척 밝겠어.

1 다음 낱말의 뜻에 알맞은 낱말을 찾아 ○표 하세요.

어휘
확인

(1) 양극화   서로 점점 더 (같아지고, 달라지고) 멀어짐.

(2) 신소재   이전에 없던 (뛰어난, 달아난) 특성을 지닌 재료.

(3) 근대화   사회와 문화 등이 근대의 특성을 받아들여 (발전됨, 보전됨).

(4) 법규   법으로 정해져서 (시키거나, 지키거나) 따라야 할 규칙이나 규범.

2 다음 낱말의 뜻으로 알맞은 것을 찾아 ○표 하세요.

어휘
확인

유망하다
(1) 앞으로 잘될 듯한 희망이나 가능성이 있다.   (   )
(2) 바라던 일이 뜻대로 되지 않아 마음이 몹시 상하다.   (   )

전망
(1) 앞날을 헤아려 내다봄. 또는 내다보이는 장래의 상황.   (   )
(2) 바라볼 것이 없게 되어 모든 희망을 끊어 버림. 또는 그런 상태.   (   )

3 다음 문장에 어울리는 낱말을 보기에서 찾아 빈칸에 쓰세요.

어휘
적용

보기
법규, 전망, 증후군

(1) 우리 모두가 (   )를 잘 지켜야 사회 질서가 유지된다.
(2) 집을 지을 때 새집 (   )을 줄이기 위한 공정이 마련되었다.
(3) 신기술이 개발되면서 인터넷 속도가 더욱 빨라질 (   )이다.

4 다음 빈칸에 공통으로 들어갈 낱말을 쓰세요.

어휘
적용

• 표현을 자유롭게 할 수 있는 ☐☐ 의 자유가 보장되어야 한다.

• ☐☐ 은 신문이나 뉴스 방송 같은 매체를 통해 정보를 전달한다.

• ☐☐ 이 정확하고 공정하게 사실을 알릴 수 있도록 관심을 가져야 한다.

(   )

5 다음 대화의 빈칸에 들어갈 낱말은 무엇인가요? (   )

어휘
적용

> 서준: 해양 식물이 미래의 (   ) 식량 자원으로 떠오르고 있대.
>
> 미래: 영양가도 높고 미래에 지속 가능한 식량 자원이 될 수 있겠어.
>
> 서준: 맞아. 기술이 발전해서 안정적으로 해양 식물을 재배할 수 있게 되면 좋겠다.

① 부족한   ② 불편한   ③ 선량한

④ 유망한   ⑤ 전망한

6 밑줄 친 낱말의 알맞은 뜻을 보기에서 찾아 기호를 쓰세요.

어휘
확장

> **보기**
>
> ㉠ 앞날을 헤아려 내다봄. 또는 내다보이는 장래의 상황.
>
> ㉡ 넓고 먼 곳을 멀리 바라봄. 또는 멀리 내다보이는 경치.

(1) 한라산 정상에서 내려다본 제주도의 전망이 무척 아름다웠다.   (   )

(2) 기상청에서는 올해 겨울이 관측 이래 가장 추울 전망이라고 하였다.(   )

관용 표현

7 다음 밑줄 친 한자 성어의 뜻으로 알맞은 것을 찾아 ○표 하세요.

> 　미국에서 살던 세진이의 고모는 오늘 이십 년만에 한국에 왔습니다. 집에 가는 길에 고모는 어릴 때 다녔던 학교를 보고 상전벽해라며 놀라워했습니다. 지금은 학교 주위에 고층 빌딩이 가득한데, 고모가 어렸을 때는 개구리가 뛰어다니던 논밭이었다고 말했습니다. 세진이는 지금도 시골에 가면 그런 논밭이 있다고 말하며 도시와 시골의 **양극화**에 대해 이야기했습니다.

(1) 세상이 몰라 볼 정도로 바뀌다.   (   )

(2) 남에게 입은 은혜를 잊고 배신하다.   (   )

(3) 제 역량도 생각하지 않고 무모하게 덤비다.   (   )

독해로
어휘 마무리

오늘의
나의 실력은?
최고야 좋았어 힘내자
5주 4일
정답확인

[8~9] 다음 글을 읽고, 물음에 답하세요.

우리나라는 1960년대부터 도시를 중심으로 산업이 발달하였다. 이에 따라 일자리가 풍부한 도시로 많은 촌락 인구가 이동하는 '이촌향도' 현상이 일어났다. 도시는 많은 일자리나 편의 시설을 갖추고 있기 때문에 젊은 사람들이 **유망한** 일자리를 얻기 위해 도시로 모여들었다. 그 결과 촌락에는 노인 인구가 많은 고령화 현상이 나타나게 되었고 노동력이 부족해지는 문제를 겪게 되었다. 반대로 인구가 밀집된 도시는 주택 부족, 교통 체증, 환경 오염 등의 문제를 겪게 되었다. 또한 도시 위주의 발달로 인해 촌락과 도시가 불균형하게 발전하는 **양극화** 현상이 심각해졌다.

촌락과 도시에서는 이러한 문제를 해소하기 위한 여러 노력이 이루어지고 있다. 촌락에서는 기계를 이용해 일손 부족 문제를 해결함과 동시에 농업 생산량을 늘리고 있다. 또한 좋은 품질의 농수산물을 생산하여 소득을 높이기 위해 노력하고 있다. 촌락의 공공 기관들도 다양한 공간을 마련하여 부족한 편의 시설 등을 보충하기 위해 노력하고 있다. 한편 도시에서는 주택 문제를 해결하기 위해 공공 주택 건설이나 도시 재생 사업 등을 실시하고 있다. 또한 교통 체증 문제를 해결하기 위해 대중교통을 다양하게 마련하고 있고, 환경 오염을 줄이기 위해 쓰레기 줄이기 홍보 활동을 하는 등의 많은 노력을 실시하고 있다. 이러한 다양한 노력으로 촌락과 도시가 겪고 있는 문제가 조금이나마 해결될 ㉠**전망**이다.

◆ **고령화:** 한 사회에서 노인의 인구 비율이 높은 상태로 나타나는 일.
◆ **밀집된:** 빈틈없이 빽빽하게 모인.

8 다음 중 ㉠과 뜻이 비슷한 낱말을 보기 에서 찾아 쓰세요.

보기
예방, 예상, 예정

(   )

9 이 글의 내용으로 알맞지 <u>않은</u> 것은 무엇인가요? (   )

① 이촌향도 현상은 도시의 인구가 촌락으로 이동하는 것이다.
② 도시에서는 주택 부족이나 교통 체증 등의 문제가 발생한다.
③ 도시의 환경 문제를 해결하기 위한 홍보 활동이 이루어지고 있다.
④ 촌락에서는 노동력 부족 문제를 해결하기 위해 기계를 사용하였다.
⑤ 젊은 연령의 사람이 떠나면서 촌락에서는 고령화 현상이 나타나게 되었다.

옛날과 오늘날의 문화와 관련된 말

공부한 날
___월 ___일

✏️ 다음 뜻풀이를 보고, 십자말풀이를 완성하세요.

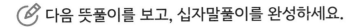

➡️ 가로

1 이전에 없던 뛰어난 특성을 지닌 재료.

2 앞으로 잘될 듯한 희망이나 가능성이 있다.

3 앞날을 헤아려 내다봄. 또는 내다보이는 장래의 상황.

4 농사일이 바쁘지 않아서 시간적인 여유가 많은 시기.

6 서로 점점 더 달라지고 멀어짐.

7 강하게 일어났던 현상이나 세력, 기운 등이 약해지다.

⬇️ 세로

1 봉건 사회에서 제도적으로 개인에게 주어진 지위나 서열.

2 앞선 시대에 살았던 사람들이 후대에 남긴 물건.

3 형세나 세력 등이 한창 왕성한 시기.

5 사회와 문화 등이 근대의 특성을 받아들여 발전됨.

8 범위, 규모, 세력 등을 늘려서 넓히다.

[1~2] 다음 글의 밑줄 친 낱말과 바꾸어 쓸 수 있는 낱말을 찾아 ✓표 하세요.

1

　　세계적으로 한국 음식의 인기와 관심이 높아지고 있다. 김치나 만두와 같은 한국 음식을 생산하는 업체들은 수출 영역을 <u>확장하기</u> 위해 전통을 유지하면서도 외국인의 입맛에 맞는 음식들을 개발하고 있다.

① 쇠퇴하기　　　② 점령하기　　　③ 축조하기　　　④ 토벌하기　　　⑤ 확대하기

2

　　바나나 껍질을 까면 안쪽에 기다란 실 같은 것이 붙어 있다. 특별한 맛이 나는 것도 아니고 식감이 좋지도 않지만 먹어도 <u>무방하다</u>. 이 실은 식물 속 영양분과 수분이 이동하는 통로로, 이를 통해 영양분이 전달되어 바나나가 자라는 것이다.

① 관찰하다　　　② 상관없다　　　③ 위험하다　　　④ 이동하다　　　⑤ 풍부하다

[3~4] 다음 관계의 두 낱말을 찾아 기호를 쓰세요.

3

　　세계 3대 광천수 중 하나로 꼽히는 청주의 초정 약수터 ㉠일대에서 축제가 열렸다. 초정 약수는 눈병에 ㉡효험이 있어 세종대왕이 ㉢방문 후 눈병을 치료한 ㉣기록이 있다. 또한 세조 역시 초정 약수로 피부병을 치료하는 ㉤효과를 보았다고 한다.

• 뜻이 비슷한 낱말: ☐ ― ☐

4

　　1871년 조선 고종 때에 미국 함대의 강화도 ㉠침략 사건이 일어났다. 미국은 조선군과의 치열한 ㉡전투를 벌여 강화도의 광성보 ㉢점령에 성공했지만 조선군은 ㉣굴복하지 않았다. 조선군이 ㉤복종하지 않고 저항하자 놀란 미군은 스스로 물러났다.

• 뜻이 비슷한 낱말: ☐ ― ☐

[5~6] 다음 글의 <u>　　　</u>에 들어갈 낱말을 찾아 ○표 하세요.

5

　　조선 시대에는 16세부터 60세까지의 남자들이 군대에 가야 하는 군역의 의무가 있었다. 그런데 양반과 같은 지배층과 노비와 같은 천민들은 군역을 지지 않았다. 조선 시대에는 군역을 면제해 제재해 부여해 주는 대가로 옷감을 내는 제도가 있었는데, 이를 군포라고 한다.

6

　　첨단 기술을 비롯한 새로운 기술이 등장하고 생활 환경이 변화함에 따라 미래에 주목받는 유망한 유일한 유창한 직업에는 무엇이 있을까? 뇌 구조에 대한 지식을 바탕으로 알고리즘과 프로그램을 연구하는 인공 지능 전문가, 가상 세계인 메타버스를 만드는 창작자와 같은 직업이 있다.

[7~8] 다음 글의 밑줄 친 낱말을 넣어 문장을 만들어 쓰세요.

　　고구려, 백제, 신라로 이루어진 삼국의 전성기는 각각 언제일까? 백제는 근초고왕 시절, 고구려는 광개토 대왕과 장수왕 시절, 신라는 진흥왕 시절을 <u>전성기</u>로 꼽는다. 세 나라의 전성기 시절에서 찾아볼 수 있는 공통점은 한강 유역을 <u>점령했다는</u> 것이다.

7　　**전성기** : 형세나 세력 등이 한창 왕성한 시기.

_____

8　　**점령하다** : 적군의 영토를 무력으로 빼앗아 차지하다.

_____

한 걸음 더!

○ '戰'(전)이 들어간 낱말은 '싸움'과 관련 있어요. '戰'(전)이 들어간 낱말을 알아보아요.

접전

서로 힘이 비슷하여 승부가 쉽게 나지 않는 경기나 전투.

1 : 1

전략

전쟁에서 이기기 위한 방법과 계획.

戰
싸울 전

도전

정면으로 맞서 싸움을 걺.

종전

전쟁이 끝남. 또는 전쟁을 끝냄.

Q 다음 문장에 알맞은 낱말을 찾아 ○표 하세요.

(1) 그는 작년 경기 우승자에게 (도망, 도전)을 하기 위해 노력했다.

(2) 우리 군은 모두 모여 승리를 위한 (전략, 종전)을 치밀하게 세웠다.

(3) 우리나라 축구 대표팀은 오랜 (접전, 접촉) 끝에 드디어 월드컵에서 우승했다.

생물과 관련된 말 ①

✏️ 다음 낱말이 사용된 상황을 보고, 뜻에 맞는 낱말을 써넣어 사전을 완성하세요.

'효모가 차가운 곳보다 따뜻한 곳에서 더 잘 발효할 것이다.'라는 가설을 세워 실험을 해 볼 거예요. 짝과 함께 실험 계획을 짜고 탐구해 봐요.

차가운 물에 넣을 시험관에 효모액을 더 많이 넣어 볼까?

실험 결과에 영향을 줄 수 있는 요소를 잘 통제해야 해. 양을 같게 하고, 동시에 담그자.

따뜻한 물 속 효모액의 부피가 커지네. 효모가 유기물을 분해하고 있나 봐.

우리의 가설이 맞다는 결론을 도출할 수 있겠어.

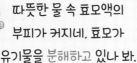

실험이 끝나고 더 궁금한 게 있니?

현미경으로 효모 표본을 확대해서 관찰해 보고 싶어.

차가운 물   따뜻한 물

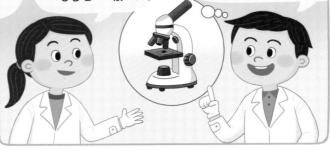

어휘사전

❶ ㄱ ㅅ (假 거짓 가, 說 말씀 설): 연구에서 어떤 내용을 설명하려고 예상한 것으로 아직 증명되지 않은 가정.

❷ ㄱ ㅊ (觀 볼 관, 察 살필 찰)**하다**: 사물이나 현상을 주의하여 자세히 살펴보다.
[비슷한말] 살펴보다

❸ ㄷ ㅊ (導 이끌 도, 出 날 출)**하다**: 판단이나 결론 등을 이끌어 내다.

❹ ㅂ ㅎ (分 나눌 분, 解 풀 해)**하다**: 여러 부분으로 이루어진 것을 그 부분이나 성분으로 따로따로 나누다.

❺ ㅌ ㄱ (探 찾을 탐, 究 궁구할 구)**하다**
: 학문 등을 깊이 파고들어 연구하다.

❻ ㅌ ㅈ (統 거느릴 통, 制 억제할 제)**하다**
: 어떤 방침이나 목적에 따라 행위를 하지 못하게 막다.   [비슷한말] 제한하다, 막다

❼ ㅍ ㅂ (標 표 표, 本 근본 본): 생물의 몸 전체나 그 일부에 적당한 처리를 하여 보존할 수 있게 한 것.

❽ ㅎ ㄷ (擴 넓힐 확, 大 큰 대)**하다**: 모양이나 규모 등을 더 크게 하다.
[반대말] 축소하다

1 다음 낱말의 뜻으로 알맞은 것을 찾아 ○표 하세요.

어휘
확인

확대하다
(1) 모양이나 규모 등을 더 크게 하다. ( )
(2) 어떤 것에 관계되어 그 범위 안에 들다. ( )

탐구하다
(1) 안이나 속으로 빨아들이다. ( )
(2) 학문 등을 깊이 파고들어 연구하다. ( )

2 다음 낱말의 뜻을 보기 에서 찾아 기호를 쓰세요.

어휘
확인

보기

㉠ 판단이나 결론 등을 이끌어 내다.
㉡ 어떤 방침이나 목적에 따라 행위를 하지 못하게 막다.
㉢ 생물의 몸 전체나 그 일부에 적당한 처리를 하여 보존할 수 있게 한 것.
㉣ 연구에서 어떤 내용을 설명하려고 예상한 것으로 아직 증명되지 않은 가정.

(1) 가설 ········ ( ) (2) 표본 ········ ( )
(3) 도출하다 ··· ( ) (4) 통제하다 ··· ( )

3 다음 중 빈칸에 '분해하다'가 들어가기에 알맞은 문장을 찾아 기호를 쓰세요.

어휘
적용

㉠ 누나가 내가 화장실에 가지 못하도록 ( ).
㉡ 할머니께서 농사지은 고추를 따서 햇볕에 ( ).
㉢ 형이 고장난 시계를 다시 조립하여 고치기 위해 부품을 ( ).

( )

4 다음 중 밑줄 친 낱말을 잘못 사용한 친구의 이름을 쓰세요.

어휘
적용

수진: 날씨가 더워서 자판기에서 도출된 음료수를 마셨어.
종석: 우리는 운동장에서 그림자의 길이 변화를 탐구했어.
유빈: 화성에는 생명체가 존재할 수 있다는 가설을 세웠어.

( )

5 다음 대화에서 밑줄 친 낱말과 뜻이 비슷한 낱말을 찾아 쓰세요.

세진: 윤호야, 길을 건너지 않고 뭐 하고 있어?

윤호: 도로 공사를 하느라 길을 건너지 못하게 <u>통제하고</u> 있어.

세진: 저런, 통행을 제한하고 있으니 다른 길로 가야겠구나.

(   )

6 다음 밑줄 친 낱말과 뜻이 반대인 낱말은 무엇인가요? (   )

우리 생활의 많은 곳에 볼록 렌즈가 이용되고 있다. 먼저 현미경에 사용되는데, 우리의 눈으로 보기 어려운 아주 작은 물체 등을 <u>확대해서</u> 볼 수 있도록 해 준다. 또 멀리 있는 물체를 가깝게 보게 해 주는 망원경도 볼록 렌즈를 사용해 만든다.

① 크게   ② 축소해서   ③ 축적해서

④ 확신해서   ⑤ 확장해서

7 다음 글의 내용에 어울리는 한자 성어를 찾아 ○표 하세요.

조선 시대 전기의 화가들은 자연을 그린 그림인 산수화를 그릴 때 실제로 경치를 눈으로 보고 그리지 않고 상상하여 그렸습니다. 그러다 조선 후기 실학이 떠오르면서 직접 장소에 가서 실제로 보고 그리는 그림이 유행하게 되었습니다. 그 영향을 받아 우리나라의 자연을 실제로 직접 **관찰한** 후 그리는 진경산수화가 등장하게 되었습니다.

◆ **실학**: 조선 시대에 실생활의 유익을 목표로 한 새로운 학풍.

(1) 결초보은(結草報恩): 죽은 뒤에라도 은혜를 잊지 않고 갚음.   (   )

(2) 연목구어(緣木求魚): 도저히 불가능한 일을 굳이 하려고 함.   (   )

(3) 실사구시(實事求是): 사실에 토대를 두어 진리를 탐구하는 일.   (   )

독해로
어휘 마무리

오늘의
나의 실력은?

최고야 좋았어 함내자

6주 1일
정답확인

[8~9] 다음 일기를 읽고, 물음에 답하세요.

20○○년 8월 ○일	날씨: 맑음

오늘은 가족과 함께 다양한 생물들을 ㉠**관찰할** 수 있는 생태 박물관에 견학을 갔다. 다양한 동식물을 만날 생각에 가슴이 두근거렸다.

동물 전시관에 들어서니 여러 가지 실제 크기의 동물과 곤충 모형이 전시되어 있었다. 평소에 주변에서 쉽게 볼 수 없었던 동물들의 모습을 자세히 관찰하니 무척 즐거웠다. 동물의 종류와 동물들이 다른 생물을 통해 에너지를 얻어 살아가는 방식, 동물이 자라는 과정을 배우게 되었다.

다음은 식물 전시관을 관람했다. 자연에서 볼 수 있는 다양한 종류의 식물 **표본**이 전시되어 있었다. 식물이 물과 햇빛을 통해 에너지를 얻어 성장하는 과정도 배울 수 있었다.

미생물 전시관으로 들어가니 독특하게 생긴 미생물 사진들이 가득했다. 몇몇 미생물은 현미경을 통해 **확대해서** 살펴볼 수 있도록 전시되어 있었다. 육안으로는 볼 수 없던 아주 작은 생물들을 실제로 보니 정말 신기하고 재미있었다.

많은 생물들의 모습과 생태를 관찰하고 나니, 우리 주변에서 볼 수 있는 생물들에 대해 더 **탐구해** 보고 싶다는 생각이 들었다.

◆ **육안:** 안경이나 망원경, 현미경 등을 이용하지 않고 직접 보는 눈.

8 ㉠과 뜻이 비슷한 낱말을 이 글에서 찾아 쓰세요.

(   )

9 생태 박물관에 대한 설명으로 알맞지 **않은** 것은 무엇인가요? (   )

① 동물 전시관에서 동물이 자라는 과정을 배울 수 있다.
② 동물 전시관에서는 실제 크기의 동물 모형을 볼 수 있다.
③ 식물 전시관에는 다양한 종류의 식물 표본이 전시되어 있다.
④ 식물 전시관에서는 식물이 에너지를 얻는 과정을 배울 수 있다.
⑤ 미생물 전시관에서는 실제 미생물이 아닌 사진만 전시되어 있다.

6주 2일 생물과 관련된 말 ②

✎ 다음 낱말의 뜻을 보고, 초성에 알맞은 낱말을 써넣어 대화를 완성하세요.

산소를 [ㅂ][ㅊ]하고 공기 정화에 좋다고 해서 열심히 키우던 선인장이 길게 자라서 [ㅈ][ㅈ]해 줄 막대를 대 놨어.

정말 길게 자라났네. 사막이 아닌 곳에서도 쑥쑥 잘 크는구나. 선인장은 비교적 기르기 쉬운 식물에 [ㅅ]하는 편인가?

선인장이 자라기 좋은 환경을 유지하려고 많이 노력했어. 그러고 보니 선인장은 덥고 건조한 사막에서 어떻게 [ㅈ][ㅇ]을 했을까?

[ㅍ][ㅁ][ㅈ]으로는 넓은 잎 대신 뾰족한 가시가 있어서 수분이 증발하는 것을 막고 있고, 시원한 밤에 기공을 열어 이산화 탄소를 [ㅎ][ㅅ]하는 특이한 방법으로 [ㄱ][ㅎ][ㅅ]을 한다고 들었어.

그렇구나. 또 다른 [ㄱ][ㅊ]들이 어떻게 사막에 적응하였는지 궁금하다.

오늘의 어휘

● **개체**(個 낱 개, 體 몸 체): 「1」 전체를 이루는 낱낱의 존재. 「2」 하나의 독립된 생물체.

● **광합성**(光 빛 광, 合 합할 합, 成 이룰 성): 녹색 식물이 태양 에너지를 이용하여 이산화 탄소와 수분으로 유기물을 만들어 내는 과정.

● **배출**(排 물리칠 배, 出 날 출)**하다**: 안에서 만들어진 것을 밖으로 밀어 내보내다.
  [비슷한말] 내보내다 [모양이 같은 말] 배출하다: 훌륭한 인재가 잇따라 나오도록 하다.

● **속**(屬 무리 속)**하다**: 어떤 것에 관계되어 그 범위 안에 들다.

● **적응**(適 갈 적, 應 응할 응): 어떤 조건이나 환경에 익숙해지거나 알맞게 변화함.

● **지지**(支 지탱할 지, 持 가질 지)**하다**: 무거운 물건을 받치거나 버티다. [비슷한말] 지탱하다

● **표면적**(表 겉 표, 面 낯 면, 的 과녁 적): 겉으로 나타나거나 눈에 띄는 것. [비슷한말] 외면적

● **흡수**(吸 숨 들이쉴 흡, 收 거둘 수)**하다**: 빨아서 거두어들이다. [비슷한말] 빨아들이다

1 다음 밑줄 친 낱말의 뜻에 알맞은 낱말을 찾아 ○표 하세요.

어휘 확인

(1)　　　환경의 변화에 <u>적응</u>을 성공한 동물만이 지구에서 살아남았다.

➡ 어떤 조건이나 환경에 익숙해지거나 (알맞게, 알차게) 변화함.

(2)　　　그는 뛸 듯이 기뻤지만 <u>표면적</u>으로는 아무렇지 않은 듯 행동했다.

➡ (겉으로, 안으로) 나타나거나 눈에 띄는 것.

2 다음 낱말의 뜻풀이에 알맞은 낱말을 보기에서 찾아 빈칸에 쓰세요.

어휘 확인

━━━━━━━━ 보기 ━━━━━━━━
범위, 에너지, 생물체

(1) 개체: 하나의 독립된 (　　　　　　　　　　).
(2) 속하다: 어떤 것에 관계되어 그 (　　　　　　　　　) 안에 들다.
(3) 광합성: 녹색 식물이 태양 (　　　　　　　　　)를 이용하여 이산화 탄소와 수분으로 유기물을 만들어 내는 과정.

3 다음 중 빈칸에 '흡수하고'를 사용하기에 알맞지 <u>않은</u> 문장을 찾아 기호를 쓰세요.

어휘 적용

┌───┐
│ ㉠ 시들었던 장미꽃이 물을 (　　　　　　　) 다시 싱싱해졌다.
│ ㉡ 크리스마스에 갖고 싶었던 선물을 받아 마음이 (　　　　　　) 기쁘다.
│ ㉢ 새로 산 공기 청정기가 먼지를 (　　　　　) 깨끗한 공기로 바꿔 내보냈다.
└───┘

(　　　　　　　　　　)

4 다음 밑줄 친 낱말을 알맞게 사용하지 <u>못한</u> 문장은 무엇인가요? (　　　　　)

어휘 적용

① 오염된 물을 함부로 강에 <u>배출한</u> 공장이 밝혀졌다.
② 나는 전학 가는 학교에 <u>적응</u>을 하기 위해 미리 가 보았다.
③ 과일인 줄 알았던 토마토는 사실 채소에 <u>속하는</u> 식물이다.
④ 바람에 휘어진 나무가 꺾이지 않도록 받침대로 <u>지지</u>하였다.
⑤ 우리는 지구의 환경을 지키기 위한 활동을 하는 <u>개체</u>에 가입하였다.

5 밑줄 친 낱말이 다음 뜻으로 쓰인 문장을 **보기**에서 찾아 기호를 쓰세요.

어휘
확장

보기

ㄱ 오래된 트럭에서 매연을 <u>배출하였다</u>.

ㄴ 우리 학교는 유명한 야구 선수를 많이 <u>배출하였다</u>.

(1) 훌륭한 인재가 잇따라 나오도록 했다. ( )

(2) 안에서 만들어진 것을 밖으로 밀어 내보냈다. ( )

6 다음 밑줄 친 낱말과 뜻이 비슷한 낱말의 기본형을 찾아 선으로 이으세요.

어휘
확장

(1) 마른 김이 습기를 <u>빨아들여</u> 눅눅해졌다. · · ㉮ 배출하다

(2) 쓰레기를 <u>내보낼</u> 때는 규정을 잘 지켜야 한다. · · ㉯ 지지하다

(3) 허물어지려는 돌담을 버팀목으로 <u>지탱하였다</u>. · · ㉰ 흡수하다

관용 표현

7 다음 글에서 밑줄 친 속담의 뜻으로 알맞은 것에 ○표 하세요.

동생의 꿈은 유명한 화가가 되는 것입니다. 교내 미술 동아리에 **속해** 있는 동생은 평소에도 그림을 잘 그린다는 칭찬을 자주 들었습니다. 얼마 전에는 전국 어린이 그림 대회에 나가 대상을 받았습니다. 할아버지께서는 <u>될성부른 나무는 떡잎부터 알아본다</u>며 동생을 칭찬하셨습니다.

(1) 어쩌다 우연히 이루거나 알아맞힘을 빗대어 이르는 말. ( )

(2) 잘될 사람은 어려서부터 남달리 장래성이 엿보인다는 말. ( )

(3) 넓은 세상의 형편을 알지 못하는 사람을 빗대어 이르는 말. ( )

독해로
어휘 마무리

오늘의
나의 실력은?

최고야   좋았어   힘내자

6주 2일
정답확인

[8~9] 다음 대화를 읽고, 물음에 답하세요.

진행자: 시청자 여러분, 안녕하세요? 자연에 대해 알아보는 시간입니다. 오늘은 생태 연구 전문가, 김○○ 교수님을 모시고 이야기를 들어 보겠습니다. 교수님, 안녕하세요?

김○○ 교수: 안녕하세요? 우리 자연의 생태를 ㉠연구 중인 김○○입니다. 오늘은 우리나라 갯벌에 대해 이야기해 보겠습니다.

진행자: 교수님, 얼마 전 우리나라 갯벌이 연간 26~48만 톤 정도의 이산화 탄소를 **흡수한다는** 사실이 밝혀졌죠?

김○○ 교수: 네, 맞습니다. ㉡갯벌이 한 해 동안 빨아들이는 이산화 탄소 양은 약 20만 대의 자동차가 **배출하는** 이산화 탄소의 양과 비슷하다고 합니다. 갯벌에 사는 ㉢**개체**인 미세 조류가 **광합성**을 하는 덕분입니다.

진행자: 그렇군요. 우리나라 갯벌의 ㉣면적은 얼마나 되나요?

김○○ 교수: 우리나라 갯벌의 크기는 서울의 약 네 배 정도였으나, 매립 등으로 인해 조금씩 줄어들었습니다. 이 갯벌에는 약 1300만 톤의 탄소가 저장되어 있습니다.

진행자: 갯벌이 이처럼 중요한 기능을 한다니 놀랍군요. 갯벌 ㉤보존을 위해 노력해야겠습니다.

8 다음 뜻에 알맞은 낱말의 기호를 쓰세요.

> 하나의 독립된 생물체.

(   )

9 이 글의 내용으로 알맞지 <u>않은</u> 것은 무엇인가요? (   )

① 대화의 주제는 '탄소를 흡수하는 우리나라 갯벌'이다.
② 갯벌에 사는 미세 조류는 광합성을 하여 이산화 탄소를 흡수한다.
③ 한국의 갯벌이 흡수하는 이산화 탄소는 연간 약 26~48만 톤이다.
④ 한국의 갯벌에는 서울 면적의 네 배에 해당하는 탄소가 저장되어 있다.
⑤ 갯벌은 한 해 동안 자동차 약 20만 대가 배출하는 탄소의 양을 흡수한다.

생물과 관련된 말 ❸

✏️ 다음 낱말의 뜻을 보고, 밑줄 친 낱말을 알맞게 사용하였으면 ○표, 잘못 사용하였으면 ✕표 하세요.

기생하다
(寄 부칠 기, 生 날 생)
다른 동물이나 식물에 붙어서 영양분을 빼앗아 먹으며 살아가다.
예 물곰팡이는 물고기에 기생한다.

포획
(捕 사로잡을 포, 獲 얻을 획)
짐승이나 물고기를 잡음.
예 무분별한 포획으로 멸종 위기에 놓여 있는 동물이 많다.
비슷한말 수렵

신경계
(神 귀신 신, 經 경서 경, 系 이을 계)
뇌와 신경을 구성하는 계통의 기관.
예 신경계 이상으로 몸에 변화가 나타났다.

표피
(表 겉 표, 皮 가죽 피)
「1」 동물의 몸을 싸고 있는 피부의 가장 바깥쪽 부분. 「2」 식물의 가장 바깥쪽을 덮고 있는 부분.
예 양파의 표피를 현미경으로 관찰하다.

침투하다
(浸 적실 침, 透 통할 투)
세균이나 병균 등이 몸속에 들어오다.
예 세균이 침투하여 살갗이 빨갛게 부어오르고 고름이 나왔다.

대응하다
(對 대답할 대, 應 응할 응)
어떤 일이나 사태에 맞추어 태도나 행동을 취하다.
예 급변하는 상황에 신속하게 대응하다.

유리하다
(有 있을 유, 利 이로울 리)
이익이 있다.
예 여름 계절풍은 벼농사에 특히 유리하다. 반대말 불리하다

토종 (土 흙 토, 種 씨 종)
원래부터 그곳에서 나는 종자.
예 강화의 토종 농산물인 순무로 음식을 만들었다.

민혁이는 키가 커서 농구하기에 유리해.

도희 [   ]

외국에서 온 토종 동식물로 인해 생태계가 파괴되고 있어.

성준 [   ]

수산 자원을 보호하기 위해 물고기마다 포획을 금지하는 금어기를 정했어.

윤아 [   ]

1 다음 낱말의 뜻을 보기 에서 찾아 기호를 쓰세요.

어휘
확인

보기

ㄱ 짐승이나 물고기를 잡음.
ㄴ 세균이나 병균 등이 몸속에 들어오다.
ㄷ 동물의 몸을 싸고 있는 피부의 가장 바깥쪽 부분.
ㄹ 어떤 일이나 사태에 맞추어 태도나 행동을 취하다.

(1) 표피 ········· (   )   (2) 포획 ········· (   )

(3) 대응하다 ··· (   )   (4) 침투하다 ··· (   )

2 다음 낱말의 뜻으로 알맞은 낱말을 찾아 ○표 하세요.

어휘
확인

(1) 유리하다   (이상, 이익)이 있다.

(2) 기생하다   다른 동물이나 식물에 붙어서 (영양분, 영향력)을 빼앗아 먹으며 살아
가다.

3 다음 문장에 어울리는 낱말을 보기 에서 찾아 빈칸에 쓰세요.

어휘
적용

보기

대응, 토종, 포획

(1) 논밭에 피해를 준 야생 멧돼지의 (   )에 성공하였다.

(2) 농약 사용이 줄면서 논에 (   ) 개구리가 늘어나고 있다.

(3) 태풍 소식을 듣고 피해를 줄이기 위해 신속하게 (   )하였다.

4 다음 글의 ㉠, ㉡에 들어갈 낱말이 모두 알맞은 것은 무엇인가요? (   )

어휘
적용

우리 몸에는 바깥의 충격이나 자극으로부터 몸을 보호하는 피부가 있습니다. 피부의 가
장 바깥에 있는 (㉠   )은/는 세균이 우리 몸에 (㉡   )하지 못하도
록 막는 역할을 합니다.

	㉠	㉡		㉠	㉡		㉠	㉡
①	토종	표피	②	침투	대응	③	침투	토종
④	포획	대응	⑤	표피	침투			

5 다음 글의 빈칸에 들어갈 알맞은 낱말은 무엇인가요? (   )

곤충이 빠르면 100년 안에 지구에서 사라질 수도 있다는 연구가 발표되었습니다. 연구 결과에 따르면, 미국의 한 지역에서는 약 35년 만에 나뭇잎에 (   ) 곤충의 80%가 이미 사라졌다고 합니다. 나방, 메뚜기, 거미 등 주변에서 흔히 볼 수 있는 곤충들도 수가 줄어들고 있습니다.

① 기대하는
② 기록하는
③ 기뻐하는
④ 기생하는
⑤ 기억하는

6 다음 글에서 밑줄 친 낱말과 뜻이 반대인 낱말을 찾아 쓰세요.

우리나라는 여름에 비가 많이 내리고 기온이 높아 벼농사에 <u>유리한</u> 환경입니다. 그런데 최근 폭우나 슈퍼 태풍과 같은 이상 기후 현상으로 인해 점점 농사를 짓기에 불리한 환경이 되고 있습니다.

(   )

관용 표현
7 다음 밑줄 친 부분에 어울리는 속담을 찾아 ○표 하세요.

바닷가재는 늙어 죽지는 않지만 사고를 당해 죽는 경우가 많다. 그중 가장 위험할 때는 바로 탈피를 할 때다. 바닷가재는 탈피를 하지 않으면 낡고 오염된 껍질로 인해 죽게 된다. 하지만 나이를 먹을수록 껍질이 너무 단단해져서 탈피가 어려워지고 탈피를 하다가 죽기도 한다. 또한 탈피 시기에는 속살이 드러나 있기 때문에 상처를 입거나 세균이 **침투하기** 쉽고 다른 물고기들의 공격을 받기도 쉽다. <u>바닷가재는 이러한 힘든 과정을 이겨내야 더욱 단단한 껍질을 얻을 수 있는 것이다.</u>

(1) 비 온 뒤에 땅이 굳어진다: 어떤 시련을 겪은 뒤에 더 강해짐.   (   )

(2) 소 잃고 외양간 고친다: 일이 이미 잘못된 뒤에는 손을 써도 소용이 없음.   (   )

(3) 바늘 도둑이 소도둑 된다: 작은 나쁜 짓도 자꾸 하게 되면 큰 죄를 저지르게 됨.   (   )

독해로
어휘 마무리

오늘의
나의 실력은?
 최고야
 좋았어
 힘내자

6주 3일
정답확인

[8~9] 다음 글을 읽고, 물음에 답하세요.

남생이를 구해 주세요

남생이는 자라와 함께 우리나라를 대표하는 **토종** 민물 거북입니다. 우리 조상들이 '거북'이라고 부르던 파충류는 바로 남생이를 말합니다. 남생이는 과거에 시골의 농경지 주변이나 하천, 저수지 등에서 비교적 쉽게 볼 수 있는 동물이었습니다. 그러나 남생이는 먹거나 약으로 이용하기 위해 무분별한 (㉠   )이 이루어졌습니다. 그리고 환경이 오염되어 깨끗한 하천이 사라지면서 남생이가 살 수 있는 곳이 없어지자 개체 수가 크게 줄었습니다. 또한 외래종인 황소개구리나 붉은귀거북과의 경쟁 등으로 개체 수가 더욱 줄어 현재는 멸종 위기 야생 동물 2급의 보호 대상입니다.

이런 상황에 **대응하기** 위해 정부에서는 남생이를 천연기념물로 지정하였고, 남생이의 증식과 보호를 위한 연구를 진행하고 있습니다. 또한 남생이를 보호하려는 단체에서는 남생이가 살기에 적합한 서식지를 찾아 남생이를 방생하는 행사를 벌이고 있습니다. 남생이를 보호하기 위해서는 우리의 지속적인 노력과 관심이 필요합니다.

◆ **파충류:** 악어나 뱀 등과 같이 폐로 숨을 쉬며 바깥 온도에 따라 체온이 변하는 동물.
◆ **증식:** 늘어서 많아짐. 또는 늘려서 많게 함.
◆ **방생하는:** 사람에게 잡힌 생물을 놓아주는.

8 다음 뜻을 가진 ㉠에 들어갈 알맞은 낱말은 무엇인가요? (   )

> 짐승이나 물고기를 잡음.

① 소비   ② 수거   ③ 포획   ④ 표피   ⑤ 획득

9 '남생이'에 대한 설명으로 알맞은 것은 무엇인가요? (   )

① 자라와 달리 남생이는 토종 민물 파충류이다.
② 우리 조상들은 남생이를 '거북'이라고 불렀다.
③ 남생이는 오래전부터 보기 힘든 귀한 동물이었다.
④ 현재 남생이는 멸종 위기 1급의 보호 야생 동물이다.
⑤ 남생이는 개체 수가 적어 천연기념물로 지정되지 않았다.

6주 4일 생물과 관련된 말 ④

✏️ 다음 낱말의 뜻을 보고 말풍선에서 알맞은 낱말을 찾아 ○표 하세요.

1 공생(共 함께 공, 生 날 생)**하다**
: 다른 종류의 생물이 서로 도우며 함께 살아가다.
예 다양한 생물들이 서로 공생하고 있다.

2 먹이 사슬
: 자연 생태계에서 생물들끼리 먹고 먹히는 것을 중심으로 형성된 관계.
예 독수리는 개구리보다 먹이 사슬에서 위에 있다.

3 보전(保 보전할 보, 全 온전할 전)**하다**
: 온전하게 보호하여 유지하다.
예 환경을 보전하다.
비슷한말 보존하다

4 복원(復 돌아올 복, 原 근원 원)**하다**
: 원래대로 회복하다.
예 훼손된 문화재를 복원하다.
비슷한말 복구하다

5 생태(生 날 생, 態 모양 태)
: 생물이 살아가는 모양이나 상태.
예 식물의 생태를 조사하다.

6 저항(抵 거스를 저, 抗 막을 항)
: 어떤 힘이나 조건에 굽히지 않고 거역하거나 버팀.
예 식민지 국민들은 지배 세력에 저항 운동을 펼쳤다.

7 평형(平 평평할 평, 衡 저울대 형)
: 사물이나 생각 등이 한쪽으로 기울거나 치우치지 않음.
예 소미는 마음의 평형을 잃고 흥분했다.

8 포식(捕 사로잡을 포, 食 먹을 식)**하다**
: 다른 동물을 잡아먹다.
예 개구리가 파리를 포식하다.

많은 사람들의 노력으로 냇물을 (복원, 오염)했어.

진딧물은 천적으로부터 개미의 보호를 받고, 개미는 진딧물에게 양분을 얻어.

진딧물과 개미는 (공생, 포식)하는 관계구나.

(1)

(2)

1 다음 낱말의 뜻으로 알맞은 낱말을 찾아 ○표 하세요.

어휘
확인

(1) 저항   어떤 힘이나 조건에 굽히지 않고 거역하거나 (견줌, 버팀).

(2) 공생하다   다른 종류의 생물이 서로 (도우며, 도맡으며) 함께 살아가다.

(3) 평형   사물이나 생각 등이 한쪽으로 (기울거나, 넓히거나) 치우치지 않음.

2 다음 낱말의 뜻으로 알맞은 것을 찾아 ○표 하세요.

어휘
확인

보전하다
(1) 온전하게 보호하여 유지하다.   (   )
(2) 물건을 맡아서 간직하고 관리하다.   (   )

복원하다
(1) 원래대로 회복하다.   (   )
(2) 헐거나 깨뜨려 못 쓰게 만들다.   (   )

3 문장에 어울리는 낱말을 보기 에서 찾아 빈칸에 쓰세요.

어휘
적용

보기
생태, 평형, 포식

(1) 아프리카 초원에서 사자가 사슴을 (   )하다.
(2) 판사는 공정하게 재판하기 위해 (   )을 잃지 않았다.
(3) 갯벌에서 다양한 생물을 관찰하며 (   ) 체험을 하였다.

4 다음 빈칸에 공통으로 들어갈 낱말을 쓰세요.

어휘
적용

• 발굴한 유물을 원형 그대로 ☐☐☐☐

• 오랜 시간이 흘러 지워진 그림을 원래대로 ☐☐☐☐

(   )

5 다음 대화의 빈칸에 들어갈 알맞은 낱말은 무엇인가요? (   )

어휘
적용

> 유민: 오늘 경주에서 구경한 문화재들이 정말 멋졌지?
>
> 선하: 맞아, 조상들의 삶이 생생하게 담겨 있어서 뜻깊었어.
>
> 유민: 소중한 문화재를 잘 (   ) 우리 후손들도 볼 수 있으면 좋겠다.

① 발전해서   ② 변화해서   ③ 보상해서

④ 보전해서   ⑤ 손상해서

6 다음 중 뜻이 비슷한 낱말끼리 짝 지어진 것을 모두 고른 것은 무엇인가요? (   )

어휘
확장

> ㉠ 공생하다 – 공개하다   ㉡ 복원하다 – 복구하다   ㉢ 보전하다 – 보존하다

① ㉠   ② ㉡   ③ ㉠, ㉡

④ ㉠, ㉢   ⑤ ㉡, ㉢

관용 표현

7 다음 밑줄 친 속담의 뜻으로 알맞은 것을 찾아 ○표 하세요.

> 하은이의 꿈은 생물을 연구하는 과학자가 되는 것입니다. 책을 읽거나 영상을 보면서 꿈을 키워 온 하은이는, 좀 더 생생한 경험을 하고 싶다고 생각했습니다. 어느 날, □□시 **생태** 박물관에서 하은이가 존경하는 생물학자의 강의가 열린다는 것을 알게 되었습니다. <u>주린 고양이가 쥐를 만난</u> 격이니 포기할 수 없었습니다. 하은이는 부모님을 설득하여 강의를 들으러 가기로 했습니다.

(1) 놓칠 수 없는 좋은 기회를 만났다.   (   )

(2) 되지 못한 사람이 엇나가는 짓만 한다.   (   )

(3) 어느 곳에서나 그 자리에 없다고 남을 흉보아서는 안 된다.   (   )

독해로
어휘 마무리

오늘의
나의 실력은?
 최고야 좋았어 함내자

6주 4일
정답확인

[8~9] 다음 글을 읽고, 물음에 답하세요.

　　자연에는 여러 생물들이 공생하고 있다. 바다의 플랑크톤에는 식물과 동물 두 종류가 있다. 그중 식물 플랑크톤은 엽록소를 가지고 광합성을 하는 플랑크톤을 말한다. 식물 플랑크톤은 미생물을 제외하고 바다에서 사는 가장 작은 생물이면서 가장 중요한 생물로, 해양 **생태**의 **먹이 사슬**에서 가장 아래에 위치한다. ㉠식물 플랑크톤은 동물 플랑크톤의 먹이가 됨으로써 해양 생태계의 **평형**을 유지하는 역할을 한다. 또한 지구에 있는 산소의 절반을 식물 플랑크톤이 만든다는 연구도 있다. 또한 산호초 근처에 서식하는 식물 플랑크톤은 지구 온난화를 막는 데 도움을 준다고도 한다.

　　그런데 이 플랑크톤이 살기에 어려운 환경이 만들어지면서 우리나라 바다의 수산 자원도 감소하는 문제가 발생하고 있다. 지구 온난화로 인해 바닷물의 온도가 올라가면 위쪽 바닷물은 가벼워지는데, 그 결과 차갑고 무거운 아래쪽 바닷물이 위쪽으로 올라오지 못하게 된다. 이로 인해 바다 깊은 곳에 존재하는 풍부한 영양분들이 바다 위쪽으로 올라오기 힘들게 되어 식물 플랑크톤의 먹이가 줄어들고 있다. 먹이 사슬의 가장 아래에 있는 식물 플랑크톤이 줄어들면 먹이 사슬 위에 있는 생물들 역시 줄어들 수밖에 없다. 바다 생태계를 **복원할** 수 있는 가장 빠른 때는 바로 지금이다.

◆ **엽록소:** 에너지를 태양으로부터 얻어서 광합성을 하는 식물의 녹색 요소.

8　㉠의 상황을 가리키는 알맞은 말을 이 글에서 찾아 빈칸에 쓰세요.

☐ ☐ ☐ ☐

9　이 글의 내용으로 알맞지 <u>않은</u> 것은 무엇인가요? (　　　　)

① 바다에 사는 플랑크톤에는 식물과 동물 두 종류가 있다.
② 식물 플랑크톤에는 광합성을 할 수 있는 엽록소가 있다.
③ 따뜻한 바닷물은 가볍고, 그에 비해 차가운 바닷물은 무겁다.
④ 식물 플랑크톤의 수가 줄어들어도 수산 자원은 감소하지 않는다.
⑤ 식물 플랑크톤은 바닷속 깊은 곳에 있는 풍부한 영양분을 먹는다.

생물과 관련된 말

✏️ 다음 뜻에 알맞은 낱말을 가로, 세로, 대각선으로 찾아 연결하세요.

신	경	계	포	가	복	운	관	성
침	대	응	하	다	설	력	찰	송
식	표	피	관	기	투	본	하	궤
분	슬	오	공	행	생	형	다	평
리	해	탐	생	측	표	하	동	항
대	북	하	하	본	말	서	다	유
조	획	유	다	원	배	출	하	다

🚗 낱말 뜻

1 뇌와 신경을 구성하는 계통의 기관.

2 사물이나 현상을 주의하여 자세히 살펴보다.

3 안에서 만들어진 것을 밖으로 밀어 내보내다.

4 다른 종류의 생물이 서로 도우며 함께 살아가다.

5 동물의 몸을 싸고 있는 피부의 가장 바깥쪽 부분.

6 어떤 일이나 사태에 맞추어 태도나 행동을 취하다.

7 다른 동물이나 식물에 붙어서 영양분을 빼앗아 먹으며 살아가다.

8 여러 부분으로 이루어진 것을 그 부분이나 성분으로 따로따로 나누다.

9 생물의 몸 전체나 그 일부에 적당한 처리를 하여 보존할 수 있게 한 것.

10 연구에서 어떤 내용을 설명하려고 예상한 것으로 아직 증명되지 않은 가정.

[1~2] 다음 글의 밑줄 친 낱말과 뜻이 비슷한 낱말을 찾아 ✓표 하세요.

1

우리나라의 인공 호수인 시화호에서 멸종 위기의 야생동물 10종이 발견되었다. 시화호를 계속 <u>관찰한</u> 결과 혹고니, 저어새, 큰기러기, 물수리 등 환경부가 지정한 멸종 위기 조류들이 살고 있는 것을 확인하였다.

① 달아난   ② 떨어진   ③ 물어본   ④ 살펴본   ⑤ 올라간

2

생수병이나 음료수병과 같은 투명 페트병은 라벨을 뗀 다음 내용물을 비우고 눌러 부피를 줄여 <u>내보내야</u> 한다. 또한 투명 페트병은 재활용하여 다시 투명 페트병으로 만들거나 옷, 운동화 등을 만드는 섬유를 추출하기 위해 전용 수거함에 따로 버려야 한다.

① 공개해야   ② 기생해야   ③ 배출해야   ④ 보존해야   ⑤ 분해해야

[3~4] 다음 관계의 두 낱말을 찾아 기호를 쓰세요.

3

우리나라에서 살고 있는 고라니는 몇 마리나 될까? 정답은 아무도 모른다. 농작물에 ㉠<u>피해</u>를 입힌다는 이유로 ㉡<u>매년</u> 수많은 고라니의 ㉢<u>포획</u>이 이루어지고 있다고 한다. 고라니를 잡기 위해 정부에서는 현상금까지 주며 ㉣<u>수렵</u>을 허가했다고 하는데, 고라니의 ㉤<u>개체</u> 수에 대한 정확한 연구가 필요하다.

• 뜻이 비슷한 낱말: [　　　　] ― [　　　　]

4

국민 분식인 김밥이 외국에서 큰 인기를 끌면서 김 ㉠<u>수출액</u>이 최고치를 달성했고, 우리의 김 ㉡<u>수출국</u>을 점차 ㉢<u>확대하고</u> 있다. 김밥, 김 부각, 김 자반 등 김을 ㉣<u>재료</u>로 만든 음식들을 세계가 함께 즐기는 날이 온 것이다. 앞으로 세계가 한국 음식에 대한 관심을 ㉤<u>축소하고</u> 등 돌리지 않도록 지속적인 관심이 필요하다.

• 뜻이 반대인 낱말: [　　　　] ↔ [　　　　]

[5~6] 다음 글의 [   ]에 들어갈 낱말을 찾아 ○표 하세요.

5

우리나라 연구팀이 세계 최초로 온대 기후와 열대 기후에서 모두 재배할 수 있는 벼를 개발하였다. 기후 변화에 모두 [적발 | 적용 | 적응] 가능한 벼 품종의 이름은 '세비'이며 개발된 후 특허 등록되었다.

6

지난 40년 동안 무등산 국립 공원에 있는 목장으로 인해 훼손되었던 땅을 다시 깨끗한 숲으로 [복귀하는 | 복원하는 | 복종하는] 계획이 세워졌다. 매몰되었던 논은 생태 습지로 조성하고, 축사는 생태 교육 공간으로 활용될 예정이다.

[7~8] 다음 글의 밑줄 친 낱말을 넣어 문장을 만들어 쓰세요.

맹그로브 나무는 짠 바닷물 때문에 대부분의 식물이 자랄 수 없는 해변에서 자란다. 맹그로브 숲이 공기 중의 탄소를 <u>흡수해서</u> 땅속에 5천 년 이상 저장한다는 연구 결과가 있다. 이는 맹그로브 나무가 사는 땅이 물에 잠겨 있어 세균이나 곰팡이가 <u>침투하기</u> 어려운 환경이기 때문이다. 유네스코에서는 매년 7월 26일을 국제 맹그로브 생태계 보존의 날로 지정하고 맹그로브 숲의 보존을 위해 노력하고 있다.

7   흡수하다 : 빨아서 거두어들이다.

_____

8   침투하다 : 세균이나 병균 등이 몸속에 들어오다.

_____

한 걸음 더!

○ '根'(근)이 들어간 낱말은 '뿌리, 근본'과 관련 있어요. '根'(근)이 들어간 낱말을 알아보아요.

근절
나쁜 것을 완전히 없앰.

근간
식물의 뿌리와 줄기.
어떤 것의 중심이 되는 부분.

根
뿌리 근

근성
어떤 일을 중간에 포기하지 않고
끝까지 하려고 하는 성질.

채근
어떤 일의 내용이나
원인 등을 캐어 알아냄.

Q 다음 문장에 알맞은 낱말을 찾아 ○표 하세요.

(1) 사건의 진상을 파악하려고 밤새도록 (채근, 채택)을 했다.

(2) 올림픽을 앞두고 정부에서는 해충 (거절, 근절)을 위해 노력했다.

(3) 진영이는 한 번 마음먹은 일은 꼭 해내고야 말겠다는 (근성, 근심)이 뛰어났다.

지구 과학과 관련된 말 ❶

✏️ 다음 낱말이 사용된 상황을 보고, 뜻에 맞는 낱말을 써넣어 사전을 완성하세요.

천문대에 견학을 오니 너무 좋아요!

별들을 보기 전에 천체 투영실에서 별자리에 대해 알아볼까요?

ㅇ천문대

별자리는 계절에 따라 주기적으로 바뀐답니다. 하지만 북쪽에 있는 작은곰자리 등은 항상 볼 수 있어요.

작은곰자리에 속해 있는 이 별이 바로 북극성이에요.

그럼 이제 망원경으로 천체를 관측해 볼까요?

육안으로만 보던 별이랑 달을 자세히 보니 신기해요!

오늘 견학 어땠나요?

즐거워요. 언젠가 직접 우주에 나가 많은 별들을 탐사해 보고 싶어요.

ㅇ천문대

어휘 사전

❶ ㄱ ㅊ (觀 볼 관, 測 잴 측)**하다**

: 자연 현상을 눈이나 기계로 자세히 살펴보아 어떤 사실을 짐작하거나 알아내다.

❷ ㅂ ㅈ ㄹ

: 여러 개의 별들이 이어진 모습에 그와 비슷하게 생긴 동물, 물건, 신화 속 인물의 이름을 붙인 것.

❸ ㅂ ㄱ ㅅ (北 북녘 북, 極 지극할 극, 星 별 성): 작은곰자리에서 가장 밝은 별.

❹ ㅇ ㅇ (肉 고기 육, 眼 눈 안)

: 안경이나 망원경, 현미경 등을 이용하지 않고 직접 보는 눈. 비슷한말 맨눈

❺ ㅈ ㄱ ㅈ (週 돌 주, 期 기약할 기, 的 과녁 적): 일정한 간격을 두고 되풀이하여 진행하거나 나타나는 것. 비슷한말 간헐적

❻ ㅊ ㅁ ㄷ (天 하늘 천, 文 글월 문, 臺 대 대): 천문 현상을 관측하고 연구하기 위하여 설치한 시설.

❼ ㅊ ㅊ (天 하늘 천, 體 몸 체)

: 우주에 있는 모든 물체.

❽ ㅌ ㅅ (探 찾을 탐, 査 조사할 사)**하다**

: 알려지지 않은 사물이나 사실 등을 샅샅이 더듬어 조사하다.

1 다음 낱말의 뜻으로 알맞은 것을 찾아 ○표 하세요.

어휘
확인

주기적
(1) 자기 스스로 판단하여 적극적으로 움직이는 것.   (   )
(2) 일정한 간격을 두고 되풀이하여 진행하거나 나타나는 것.   (   )

육안
(1) 물체의 모양이나 움직임, 빛깔 등을 보는 눈의 감각.   (   )
(2) 안경이나 망원경, 현미경 등을 이용하지 않고 직접 보는 눈.   (   )

2 다음 낱말의 뜻을 보기 에서 찾아 기호를 쓰세요.

어휘
확인

보기

㉠ 우주에 있는 모든 물체.
㉡ 천문 현상을 관측하고 연구하기 위하여 설치한 시설.
㉢ 알려지지 않은 사물이나 사실 등을 샅샅이 더듬어 조사하다.
㉣ 자연 현상을 눈이나 기계로 자세히 살펴보아 사실을 짐작하거나 알아내다.

(1) 관측하다 …… (   )   (2) 천문대 …… (   )

(3) 천체 ………… (   )   (4) 탐사하다 … (   )

3 다음 밑줄 친 낱말의 뜻에 알맞은 낱말을 찾아 ○표 하세요.

어휘
적용

(1) 하늘이 맑은 날에 <u>북극성</u>을 관찰하였다.

➜ 작은곰자리에서 가장 (밝은, 어두운) 별.

(2) 국자 모양처럼 생긴 <u>별자리</u>의 이름은 북두칠성이다.

➜ 여러 개의 별들이 이어진 모습에 그와 비슷하게 생긴 동물, 물건, 신화 속 인물의 (그림, 이름)을 붙인 것.

4 밑줄 친 낱말을 잘못 사용한 친구의 이름을 쓰세요.

어휘
적용

민주: 나는 친구와 함께 <u>주기적</u>으로 짜장면을 먹으러 갔어.
선아: 나는 식빵을 <u>육안</u>으로 관찰하기 위해 현미경을 사용했어.
재준: 그는 북극을 <u>탐사하는</u> 과학자가 되고 싶다는 꿈을 가졌어.

(   )

5 다음 밑줄 친 낱말과 뜻이 비슷한 낱말은 무엇인가요? (   )

어휘
확장

강아지를 좋아하는 우리 가족은 쉬는 날이면 유기견을 보호하는 기관에 <u>주기적</u>으로 찾아갔다. 그곳에서 주인을 잃은 강아지들을 위해 사료를 주고 목욕을 시켜 주었다. 우리 집 강아지 장군이도 그곳에서 만났다. 그곳에 있는 모든 강아지들이 행복했으면 좋겠다.

① 간헐적   ② 긍정적   ③ 능동적

④ 보편적   ⑤ 적극적

6 다음 글에서 밑줄 친 낱말과 뜻이 비슷한 낱말을 찾아 쓰세요.

어휘
확장

태양을 <u>육안</u>으로 올려다보면 동그랗게 빛나는 모습을 볼 수 있다. 그런데 맨눈으로는 보이지 않지만 태양에는 주변보다 상대적으로 온도가 낮아 검게 보이는 '흑점'이라는 것이 있다. 이 흑점의 개수는 고정적인 것이 아니라 늘어나기도 하고 줄어들기도 한다.

(   )

관용 표현

7 다음 밑줄 친 한자 성어의 뜻으로 알맞은 것을 찾아 ○표 하세요.

소희는 기상청에서 어떻게 날씨를 알 수 있는지 궁금했습니다. 아직 오지 않은 날의 날씨를 알아맞히는 것이 꼭 <u>선견지명</u> 같았습니다. 인터넷으로 기상청이 하는 일을 검색해 보니, 기상청에서는 슈퍼컴퓨터를 사용하여 기상 상태를 **관측하고** 이를 분석하여 앞으로의 날씨를 예측한다고 하였습니다.

(1) 자기가 저지른 일의 결과를 자기가 받음.   (   )

(2) 겉으로는 부드럽고 순하게 보이나 속은 곧고 굳셈.   (   )

(3) 어떤 일이 일어나기 전에 미리 앞을 내다보고 아는 지혜.   (   )

독해로
어휘 마무리

오늘의
나의 실력은?   최고야   좋았어   힘내자

7주 1일
정답확인

[8~9] 다음 글을 읽고, 물음에 답하세요.

옛날 사람들은 지구가 우주의 중심이고, 별과 달, 태양이 지구 주변을 돈다고 생각했다. 이를 '천동설'이라고 하는데, 당시 사람들에게는 이것이 당연한 사실처럼 여겨졌다. 폴란드의 천문학자 코페르니쿠스는 지구를 포함한 행성들이 태양 주변을 돈다는 '지동설'을 주장했는데, 이는 받아들여지지 않았다. 또한, 기독교의 성직자들로 인해 지동설을 주장하는 것이 금지되었다. 이러한 시대에 갈릴레오 갈릴레이는 지동설을 입증하기 위해 많은 노력을 기울였다.

갈릴레이는 이탈리아의 피사에서 태어났다. 의대에 입학했지만 과학과 수학에 관심이 많았다. 그는 다양한 물리 실험을 진행하였으며, 우주를 연구하기도 하였다. 그는 **육안**으로 관찰하는 것에 그치지 않고, 직접 만든 망원경으로 ㉠**천체**를 **관측하기도** 했다. 달 표면에 분화구가 있는 것과 태양의 흑점이 이동하는 것, 목성 주위를 돌고 있는 위성 중 4개도 발견했다. 이러한 관측과 연구를 통해 그가 내린 결론은 지구가 세상의 중심이 아니라는 것이었다. 갈릴레이는 지동설을 주장하다가 기독교의 가르침에 맞섰다는 이유로 종교 재판까지 받았지만, 끝까지 신념을 굽히지 않았다.

◆ **성직자:** 목사, 신부, 승려 등과 같이 종교적 직분을 맡은 사람.
◆ **입증하기:** 어떤 증거 따위를 내세워 증명하기.
◆ **분화구:** 화산이 폭발할 때 가스, 수증기, 화산재, 용암 등이 내뿜어져 나오는 구멍.

8 ㉠의 뜻을 바르게 설명한 친구의 이름을 쓰시오.

• 시아: '우주에 있는 모든 물체.'라는 뜻이야.
• 온이: '작은곰자리에 있는 가장 밝은 별.'이라는 뜻이야.
• 아진: '천문 현상을 관측하고 연구하기 위하여 설치한 시설.'이라는 뜻이야.

(   )

9 '갈릴레이'에 대한 설명으로 알맞은 것은 무엇인가요? (   )

① 종교 재판을 받은 후 자신의 신념을 굽혔다.
② 목성 주위를 돌고 있는 위성 4개를 발견했다.
③ 물리학과에 입학했지만 의학에 관심이 많았다.
④ 태양이 지구 주변을 돈다는 천동설을 주장했다.
⑤ 코페르니쿠스가 만든 망원경으로 우주를 관측했다.

지구 과학과 관련된 말 ②

✏️ 다음 낱말의 뜻을 보고, 초성에 알맞은 낱말을 써넣어 대화를 완성하세요.

오빠, 우리가 사는 지구는 끝없이 ㅍ ㅊ 하고 있는 우주 안에서는 아주 작은 존재겠지?

태양계만 놓고 보아도 지구는 아주 작아. 태양계에는 지구와 같은 ㅎ ㅅ 들뿐만 아니라 위성, 소행성, ㅎ ㅅ 등 많은 것들이 태양을 중심으로 ㄱ ㄷ 를 그리며 돌고 있거든.

아! 지구가 일정한 ㅊ 을 기준으로 ㅈ ㅈ 을 한다는 것은 알았는데, 태양을 중심으로 ㄱ ㅈ 도 하고 있었구나.

맞아. 또 그런 지구의 주변을 달이 공전하고 있어. 달은 스스로 빛나지 않고 태양 빛을 반사하는데, 태양 빛이 닿는 부분은 밝게 보이고 닿지 않는 부분은 어둡게 보여. 그래서 달의 모양이 달라 보이는 거야.

그런 달의 모양 변화를 바탕으로 만든 달력이 ㅇ ㄹ 이구나!

오늘의 어휘

● **공전(公 공변될 공, 轉 구를 전):** 한 천체가 다른 천체의 둘레를 주기적으로 도는 일.

● **궤도(軌 바큇자국 궤, 道 길 도):** 사물이 따라서 움직이는 정해진 길. 비슷한말 경로

● **음력(陰 응달 음, 曆 책력 력):** 지구 주위를 도는 달의 주기를 기준으로 만든 달력.

● **축(軸 굴대 축):** 활동이나 회전의 중심.

● **자전(自 스스로 자, 轉 구를 전):** 천체가 스스로 고정된 축을 중심으로 회전함. 또는 그런 운동.

● **팽창(膨 부풀 팽, 脹 배부를 창)하다:** 「1」 부풀어서 부피가 커지다. 「2」 수량이나 규모, 세력 등의 크기가 커지다.

● **행성(行 다닐 행, 星 별 성):** 중심 별이 강하게 끌어당기는 힘 때문에 타원형의 궤도를 그리며 중심 별의 주위를 도는 천체. 비슷한말 떠돌이별

● **혜성(彗 비 혜, 星 별 성):** 태양을 중심으로 타원이나 포물선을 그리며 도는, 꼬리가 달린 천체.

1 다음 밑줄 친 낱말의 뜻에 알맞은 낱말을 찾아 ○표 하세요.

어휘
확인

(1)
우주 탐사선이 목성으로 가던 궤도에서 벗어나 화성에 도착했다.

➡ 사물이 따라서 움직이는 (정해진, 곧은) 길.

(2)
지구는 하루에 한 바퀴씩 자전 운동을 하지만 우리는 그 움직임을 느끼지 못한다.

➡ 천체가 스스로 고정된 축을 (바깥, 중심)으로 회전함. 또는 그런 운동.

2 다음 낱말의 뜻풀이에 알맞은 낱말을 보기 에서 찾아 빈칸에 쓰세요.

어휘
확인

─────── 보기 ───────
꼬리, 주위, 지구

(1) 음력: (   ) 주위를 도는 달의 주기를 기준으로 만든 달력.
(2) 혜성: 태양을 중심으로 타원이나 포물선을 그리며 도는, (   )가 달린 천체.
(3) 행성: 중심 별이 강하게 끌어당기는 힘 때문에 타원형의 궤도를 그리며 중심 별의
(   )를 도는 천체.

3 다음 중 빈칸에 '팽창'이 들어가기에 알맞지 않은 문장의 기호를 쓰세요.

어휘
적용

㉠ 바람을 불어 넣자 풍선이 점점 (   )했다.
㉡ 인구가 (   )하면 식량 부족 사태를 겪을 수 있다.
㉢ 대회에서 우승한 것은 선수가 최선을 다해 (   )한 덕분이었다.

(   )

4 밑줄 친 낱말을 바르게 사용하지 못한 문장은 무엇인가요? (   )

어휘
적용

① 해왕성은 태양계의 가장 바깥에 있는 행성이다.
② 달은 지구 주위를 빙글빙글 도는 공전 운동을 한다.
③ 그는 알쏭달쏭한 말로 궤도를 늘어놓으며 사람들을 속였다.
④ 나는 발꿈치를 축으로 하여 반원을 그리며 빙그르르 돌아섰다.
⑤ 설날은 음력으로 1월 1일이기 때문에 매년 양력 날짜가 달라진다.

5 다음 뜻의 낱말이 쓰인 문장을 보기 에서 찾아 기호를 쓰세요.

어휘
확장

> **보기**
>
> ㉠ 풍선이 점점 팽창하더니 결국 터져 버렸다.
> ㉡ 우리 학교의 학생 수가 팽창하더니 무려 천 명이 되었다.

(1) 부풀어서 부피가 커지더니.   (   )

(2) 수량이나 규모, 세력 등의 크기가 커지더니.   (   )

6 다음 밑줄 친 낱말과 뜻이 비슷한 낱말을 찾아 선으로 이으세요.

어휘
확장

(1) 혜성이 타원 궤도를 그리며 우주로 날아갔다.   •

(2) 행성인 지구는 스스로 빛을 내지 못하고 태양의 빛을 받아 반사한다.   •

• ㉮   떠돌이별

• ㉯   경로

관용 표현

7 다음 글을 읽고, 밑줄 친 속담을 알맞게 사용한 문장에 ○표 하세요.

> '하늘을 보아야 별을 따지'라는 속담이 있다. 별을 따기 위해서는 먼저 하늘을 보아야 하는 것처럼, 어떤 성과를 거두려면 그에 상당한 노력과 준비가 있어야 한다는 말이다. 가만히 앉아 목표를 생각만 한다면 달라지는 것은 없을 것이다. 언젠가 다가올 기회를 위해 최선을 다해 노력해야 한다.

(1) 하늘을 보아야 별을 딴다는데 공부를 잘하고 싶으면 먼저 책상에 앉아야 하지 않겠니?

                                             (   )

(2) 하늘을 보아야 별을 딴다는 말처럼 아무리 힘든 순간도 언젠가는 지나가게 되어 있단다.

                                             (   )

(3) 하늘을 보아야 별을 딴다는 말처럼 다른 사람을 흉보면 결국 자신에게 돌아오게 되어 있어.

                                             (   )

독해로
어휘 마무리

오늘의
나의 실력은?
최고야 좋았어 힘내자

7주 2일
정답확인

[8~9] 다음 대화를 읽고, 물음에 답하세요.

진행자: 시청자 여러분, 안녕하세요? 오늘은 천문학자 김○○ 교수님을 모셨습니다. 교수님, 미래에는 하루가 25시간이 될 수도 있다는데, 사실인가요?

교수님: 네, 사실입니다. 그 까닭은 행성인 지구의 자전 속도가 점점 느려지고 있기 때문입니다. 지구의 자전 속도는 100년에 약 0.00178초 정도씩 느려지고 있습니다.

진행자: 놀랍군요. 그렇다면 지구의 자전 속도가 느려지는 이유는 무엇인가요?

교수님: 지구의 **자전** 속도가 느려지는 가장 큰 원인은 달입니다. 천체들 사이에는 끌어당기는 힘인 인력이 있는데, 지구 주위를 따라 (㉠   )을 하는 달과 지구 사이에 작용하는 인력으로 인해 달의 힘이 크게 작용하는 지역의 바닷물은 지구 자전 방향과 반대 방향으로 끌려가게 되기 때문입니다.

진행자: 그렇다면 하루의 길이는 얼마나 늘어나고 있는 것인가요?

교수님: 지구의 자전 속도가 느려지면서 하루의 길이는 10만 년에 약 1초씩 늘어나고 있습니다. 뿐만 아니라 이로 인해 달의 **공전 궤도**가 점점 커져 1년에 약 3.8cm씩 지구로부터 멀어지고 있습니다.

진행자: 정말 신기한 일이네요. 하루의 길이는 언제 25시간이 될까요?

교수님: 하루가 25시간이 되려면 앞으로 약 2억 년이나 더 지나야 합니다.

8 ㉠에 들어가기에 알맞은 낱말을 찾아 쓰세요.

(   )

9 지구의 자전 속도와 관련된 설명으로 알맞지 <u>않은</u> 것은 무엇인가요? (   )

① 하루의 길이는 10만 년에 약 1초씩 길어지고 있다.
② 2억 년 후에는 하루의 길이가 25시간이 될 수도 있다.
③ 지구의 자전 속도는 100년에 약 0.00178초씩 느려지고 있다.
④ 지구 자전 속도가 느려지면서 달이 점점 지구에서 멀어지고 있다.
⑤ 달의 인력이 크게 작용하는 곳의 바닷물은 지구의 자전 방향으로 끌려간다.

지구 과학과 관련된 말 ③

✏️ 다음 낱말의 뜻을 보고, 밑줄 친 낱말을 알맞게 사용하였으면 ○표, 잘못 사용하였으면 ×표 하세요.

고갈되다
(枯 마를 고, 渴 목마를 갈)
「1」 물이 말라서 없어지다. 「2」 자원이나 물질 등이 다 써서 없어지다.
예 자원이 고갈되기 전에 절약해야 한다.
비슷한말 마르다, 소진되다

해양(海 바다 해, 洋 큰 바다 양)
태평양, 대서양, 인도양 등과 같이 넓고 큰 바다.
예 우리나라는 대륙과 해양으로 진출하는 데 유리한 반도국이다.

지표면
(地 땅 지, 表 겉 표, 面 낯 면)
지구나 땅의 겉면.
예 여름이 되어 지표면이 뜨겁다.
비슷한말 지반

하류(下 아래 하, 流 흐를 류)
강이나 내의 아래쪽 부분.
예 낙동강 하류에는 철새들을 보호하는 구역인 철새 도래지가 있다.
반대말 상류

협곡(峽 골짜기 협, 谷 골 곡)
산과 산 사이의 험하고 좁은 골짜기.
예 매우 깊고 험준한 협곡을 지나자 드디어 넓고 평탄한 길이 나타났다.
비슷한말 골짜기

운반하다
(運 운전할 운, 搬 옮길 반)
「1」 물건 등을 옮겨 나르다.
「2」 강물이나 바람이 흙, 모래, 자갈 등을 옮겨 나르다.
예 친구와 힘을 합쳐 책들을 운반했다.
비슷한말 나르다, 옮기다

지형지물(地 땅 지, 形 형상 형, 地 땅 지, 物 물건 물)
땅의 생김새와 땅 위에 있는 모든 물체를 이르는 말.
예 숨바꼭질을 할 때 지형지물을 이용해 몸을 숨겼다.

징후(徵 부를 징, 候 기후 후)
겉으로 나타나는 낌새.
예 어제부터 태풍이 닥칠 징후가 나타났다. 비슷한말 조짐

땀을 흘리며 과일 상자를 혼자 집으로 운반했어.

아인 [ ]

쓰레기를 함부로 버린 친구가 벌점이라는 징후를 받았어.

시아 [ ]

강물이 고갈되어 많은 물고기들이 고통받고 있어.

도윤 [ ]

1 다음 낱말의 뜻을 **보기**에서 찾아 기호를 쓰세요.

어휘 확인

보기

ㄱ 물건 등을 옮겨 나르다.
ㄴ 강이나 내의 아래쪽 부분.
ㄷ 산과 산 사이의 험하고 좁은 골짜기.
ㄹ 땅의 생김새와 땅 위에 있는 모든 물체를 이르는 말.

(1) 하류 ········ (   )

(2) 협곡 ········ (   )

(3) 운반하다 ··· (   )

(4) 지형지물 ··· (   )

2 다음 낱말의 뜻으로 알맞은 낱말을 찾아 ○표 하세요.

어휘 확인

(1) **지표면** 지구나 땅의 (겉면, 내부).

(2) **징후** (겉으로, 속으로) 나타나는 낌새.

(3) **해양** 태평양, 대서양, 인도양 등과 같이 (넓고, 맑고) 큰 바다.

3 다음 중 빈칸에 '운반'이 들어가기에 알맞은 문장을 찾아 기호를 쓰세요.

어휘 적용

ㄱ 매일 한 시간씩 (   )했더니 체중이 줄었다.
ㄴ 자동차를 (   )할 때는 안전벨트를 착용해야 한다.
ㄷ 깨지기 쉬운 유리 제품은 (   )할 때 조심해야 한다.

(   )

4 다음 글의 ㉠, ㉡에 들어갈 낱말이 모두 알맞은 것은 무엇인가요? (   )

어휘 적용

　가뭄으로 인해 물의 근원인 강이나 호수의 물이 (㉠   )되는 시기를 '갈수기'라고 한다. 갈수기가 되면 물 안에 오염 물질의 농도가 높아져서 수질이 악화된다. 올봄에 들면서 보름가량 비가 오지 않아 수질이 악화될 (㉡   )를 보이고 있다.

	㉠	㉡		㉠	㉡		㉠	㉡
①	징후	고갈	②	협곡	해양	③	협곡	해양
④	고갈	징후	⑤	운반	협곡			

5 다음 글의 빈칸에 공통으로 들어갈 알맞은 낱말은 무엇인가요? (   )

어휘
적용

바다는 지구 표면의 약 70%를 차지하고 있다. 우리는 이 넓은 바다 어디에서나 다양한 종류의 동물들을 볼 수 있다. 그중 가장 특이한 (   ) 동물은 고래이다. 고래는 등에 있는 숨구멍과 폐로 호흡을 하는 포유류이다. 하지만 육지에서 사는 포유류와 달리 (   ) 동물인 고래는 몸에 털이 없다.

① 다양   ② 모양   ③ 태양
④ 토양   ⑤ 해양

6 다음 글에서 밑줄 친 낱말과 뜻이 반대인 낱말을 찾아 쓰세요.

어휘
확장

강은 아래쪽인 <u>하류</u>로 갈수록 강폭이 더 넓어집니다. 왜 그럴까요? 그 까닭은 땅을 타고 흐르는 강물이 강의 모습을 바꾸기 때문입니다. 상류는 강물이 빠르지만 하류는 물줄기가 많이 모여 강폭이 넓어지고 경사가 작아 강물이 천천히 흐릅니다.

(   )

관용 표현

7 다음 글의 상황에 알맞은 관용 표현을 찾아 ○표 하세요.

소금 장수가 소금을 당나귀의 등에 잔뜩 싣고 산을 넘고 있었다. 많은 양의 소금을 운반하고 있던 터라 속도가 나지 않았는데, 눈앞에 험하고 가파른 **협곡**이 나타났다. 게다가 하늘에는 먹구름이 잔뜩 끼어 비가 내릴 **징후**를 보이고 있었다. 소금 장수는 갈 길이 막막하여 깊은 한숨을 내쉬었다.

(1) 엎친 데 덮치다: 어렵거나 나쁜 일이 겹치어 일어나다.   (   )

(2) 팔을 걷어붙이다: 어떤 일에 뛰어들어 적극적으로 일할 태세를 갖추다.   (   )

(3) 물 만난 고기: 어려운 지경에서 벗어나 크게 활약할 판을 만난 처지를 이르는 말.   (   )

독해로
어휘 마무리

오늘의
나의 실력은?

최고야   좋았어   함내자

7주 3일
정답확인

[8~9] 다음 글을 읽고, 물음에 답하세요.

협곡은 물이 **지표면**을 깎아서 만든 지형으로 좁고 깊은 골짜기를 말합니다. 세상에서 가장 유명한 협곡은 미국 애리조나주에 있는 그랜드 캐니언 국립 공원입니다. 콜로라도 강에 의해 땅이 깎여 나가면서 깊이가 무려 약 1,500m나 되는 세계에서 가장 거대한 협곡이 만들어진 것입니다. 이 협곡은 약 20억 년 전에 만들어진 것으로 ✦추정되며 무려 600만 년 동안 콜로라도 강에 의해 ㉠땅의 생김새와 땅 위에 있는 물체의 모양이 달라진 결과입니다. 이 협곡은 그 가치를 인정받아 1919년에 미국의 국립 공원으로, 1979년에 유네스코 세계 자연 유산으로 지정되었습니다.

우리나라에도 협곡이 있을까요? 경기도 포천의 한탄강에 있는 멍우리 협곡은 한국의 그랜드 캐니언이라고 불리는 곳입니다. 이곳은 현무암으로 이루어진 협곡이 장관을 이루고 있습니다. '멍우리'라는 이름은 험한 절벽이 병풍처럼 세워져 있어 이곳에서 넘어지면 몸에 멍울이 생긴다고 하여 붙여졌다고 합니다. 멍우리 협곡에서는 한탄강에 흐른 용암의 흔적을 잘 볼 수 있습니다. 이곳은 수십만 년 동안 형성된 아름다운 지형과 경관을 자랑하며, 유네스코에서 지정한 세계 지질 공원입니다.

✦ **추정되며:** 미루어져 생각되어 판단되고 정해지며.
✦ **지질:** 지구의 표면을 이루고 있는 암석이나 땅의 성질이나 상태.

8 ㉠의 뜻을 가진 낱말은 무엇인지 빈칸에 쓰세요.

□ □ □ □

9 '협곡'에 대한 설명으로 알맞은 것은 무엇인가요? (   )

① 물에 의해 지표면에 있는 것들이 쌓인 지형이다.
② 세상에서 가장 유명하고 큰 협곡은 캐나다에 있다.
③ 홍수에 의해 만들어진 멍우리 협곡은 현무암으로 이루어졌다.
④ 세계에서 가장 거대한 협곡은 콜로라도 강에 의해 만들어졌다.
⑤ 멍우리 협곡은 유네스코에 의해 세계 문화유산으로 지정되었다.

지구 과학과 관련된 말 ④

✍️ 다음 낱말의 뜻을 보고, 말풍선에서 알맞은 낱말을 찾아 ○표 하세요.

1 감지(感 느낄 감, 知 알 지)**하다**

: 느끼어 알다.

예 오징어는 위험을 감지하면 먹물을 내뿜는다.

비슷한말 알아채다

2 급격(急 급할 급, 激 과격할 격)**하다**

: 변화의 움직임 등이 급하고 격렬하다.

예 과학 문명이 급격하게 발달하다.

반대말 완만하다

3 증발(蒸 찔 증, 發 필 발)**하다**

: 어떤 물질이 액체 상태에서 기체 상태로 변하다.

예 물을 오래 끓여 모두 증발했다.

비슷한말 기화하다

4 진동(振 떨칠 진, 動 움직일 동)

: 흔들려 움직임.

예 지진으로 인해 큰 진동이 느껴졌다.

5 초래(招 부를 초, 來 올 래)**하다**

: 어떤 결과를 가져오게 하다.

예 한순간의 실수가 큰 문제를 초래했다.

비슷한말 일으키다

6 침식(浸 적실 침, 蝕 갉아먹을 식)

: 비, 하천, 빙하, 바람 등의 자연 현상이 지표를 깎는 일.

예 파도에 의한 침식으로 동굴이 만들어졌다.

7 퇴적(堆 흙무더기 퇴, 積 쌓을 적)**되다**

: 「1」 많이 겹쳐져 쌓이다. 「2」 흙이나 죽은 생물의 뼈 등이 물이나 바람, 빙하 등에 의해 운반되어 일정한 곳에 쌓이다.

예 강물에 쓸려간 흙이 강 하류에 퇴적되었다.

8 풍화(風 바람 풍, 化 될 화)

: 지구 표면에 있는 암석이 햇빛, 공기, 물, 생물 등의 작용으로 조금씩 깨지고 부서지는 일.

예 긴 시간 동안 풍화가 되어 유물이 손상되었다.

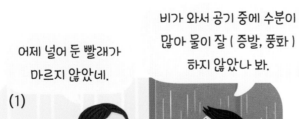

어제 널어 둔 빨래가 마르지 않았네.

비가 와서 공기 중에 수분이 많아 물이 잘 (증발, 풍화) 하지 않았나 봐.

(1)

바람에 날려 온 모래가 이곳에 (침식, 퇴적)되어서 언덕처럼 높게 쌓였네.

(2)

1 다음 낱말의 뜻으로 알맞은 낱말을 찾아 ○표 하세요.

어휘
확인

(1) 증발하다　어떤 물질이 액체 상태에서 (고체, 기체) 상태로 변하다.

(2) 침식　비, 하천, 빙하, 바람 등의 자연 현상이 지표를 (깎는, 꺾는) 일.

(3) 퇴적되다　흙이나 죽은 생물의 뼈 등이 물이나 바람, 빙하 등에 의해 운반되어 일정한 곳에 (쌓이다, 사라지다).

2 다음 낱말의 뜻으로 알맞은 것을 찾아 ○표 하세요.

어휘
확인

진동
(1) 흔들려 움직임.　(　)
(2) 몸을 움직여 행동함.　(　)

감지하다
(1) 느끼어 알다.　(　)
(2) 크게 느끼어 마음이 움직이다.　(　)

3 문장에 어울리는 낱말을 보기 에서 찾아 빈칸에 쓰세요.

어휘
적용

보기

침식, 퇴적, 풍화
---

(1) 긴 시간 햇빛에 노출된 벽화가 (　　　　　　　)(으)로 인해 훼손되었다.

(2) 강물에 쓸려 온 모래가 (　　　　　　)된 곳에서 오리들이 졸고 있었다.

(3) 해수면이 상승하면서 동해의 해안이 깎이는 (　　　　　　) 작용이 심해지고 있다.

4 다음 빈칸에 공통으로 들어갈 낱말을 쓰세요.

어휘
적용

• 날씨가 건조해서 빨래의 물기가 금방 ☐☐ 하였다.

• 극심한 가뭄으로 저수지의 물이 모두 ☐☐ 하였다.

• 피부의 수분이 ☐☐ 하는 것을 막기 위해 촉촉한 크림을 발랐다.

(　　　　　　)

5 다음 낱말과 뜻이 반대인 낱말과 뜻이 비슷한 낱말을 보기 에서 찾아 쓰세요.

어휘
확장

> **보기**
>
> 완만하다, 일으키다

(1) '급격하다'와 뜻이 반대인 낱말 … (   )

(2) '초래하다'와 뜻이 비슷한 낱말 … (   )

6 다음 글의 밑줄 친 낱말과 뜻이 비슷한 낱말을 찾아 쓰세요.

어휘
확장

최근 우리나라에서 수차례 다소 큰 규모의 지진이 발생하고 있다. 따라서 지진이 발생했을 때의 대처 방법을 알아두는 것이 중요하다. 집 안에서 진동을 <u>감지했을</u> 경우 두 손으로 머리를 감싼 뒤 식탁이나 책상 아래로 피한다. 흔들림이 멈추면 전기와 가스를 차단하고 문을 열어 출구를 확보한다. 건물 밖으로 나갈 때는 엘리베이터가 아닌 계단을 이용해야 한다. 건물 밖에서 지진을 알아챘을 경우에는 가방이나 손으로 머리를 보호한 채 운동장이나 공원 등 넓은 공간으로 대피한다.

(   )

관용 표현

7 다음 밑줄 친 한자 성어의 뜻으로 알맞은 것에 ○표 하세요.

며칠 동안 내린 비로 인해 마을에 홍수가 났다. 강물이 **급격하게** 불어나 강 근처에 살던 주민들이 피해를 보게 되었다. 비가 그친 후 피해를 입은 주민들은 비가 휩쓸고 간 자리를 허탈하게 바라보았다. 그때 큰 피해를 입지 않은 마을 주민들이 강가의 집으로 모여들었다. 주민들은 힘을 합쳐 망가진 집과 물건을 고치고 필요한 물품을 마련했다. 주민들이 힘을 합치자 마을의 피해 복구는 <u>일사천리</u>로 진행되었다.

(1) 그전에도 없었고 앞으로도 없다.   (   )

(2) 작은 것을 탐하다가 큰 것을 잃다.   (   )

(3) 어떤 일이 중간에 걸리거나 막힘이 없이 빨리 진행되다.   (   )

독해로
어휘 마무리

오늘의
나의 실력은?

최고야   좋았어   힘내자

7주 4일
정답확인

[8~9] 다음 글을 읽고, 물음에 답하세요.

　수만 년 동안 극지방에 내린 눈이 녹지 않고 쌓이면 수백 킬로미터의 두께로 쌓일 수 있다. 그런데 남극 빙하의 두께는 2km 정도이고, 가장 두꺼운 곳도 3.5km 두께라고 한다. 과거에는 엄청나게 많았던 눈이 어디로 간 것일까? 눈이 내려 **퇴적된** 후 햇빛에 의해 녹았다가 ㉠**증발하기도** 하고, 추위로 인해 다시 얼게 되면 단단한 얼음층을 만들게 된다. 이 과정이 반복되면 두꺼운 얼음이 만들어진다. 그리고 엄청난 두께의 눈과 얼음의 무게로 인해 경사면을 따라 얼음층이 이동하기 시작하는데, 이것이 바로 빙하이다.

　빙하는 무겁기 때문에 매우 느리게 움직이지만, 지표면을 따라 흐르면서 거칠고 강하게 지표면에 **침식** 작용을 일으킬 수 있다. 빙하가 이동할 때 두꺼운 얼음층이 엄청난 무게로 땅을 긁거나 뜯어내며 함께 움직이기 때문이다. 이렇게 빙하에 의해 깎여 나간 지형은 커다란 U자 모양의 땅이 되고, 이 땅의 끝부분이 바다를 만나 바닷물이 땅을 채우게 된 지형을 '피오르'라고 부른다. 세계적으로 피오르가 잘 나타나 있는 곳은 노르웨이, 아이슬란드 등이다. '피오르'라는 말은 노르웨이 말로 '내륙으로 깊게 뻗은 만'을 의미하고, 세계에서 가장 큰 피오르는 노르웨이의 송네 피오르이다. 요즘은 지구 온난화로 인해 해수면이 상승하면서 피오르가 점차 커지고 있다고 한다.

◆ **만**: 바다가 육지 속으로 파고들어 와 있는 곳.

8 다음 중 ㉠과 뜻이 비슷한 낱말은 무엇인가요? (　　　　)

① 기화하기도　　　　② 변화하기도　　　　③ 액화하기도

④ 진화하기도　　　　⑤ 퇴화하기도

9 빙하에 의해 일어나는 현상으로 알맞지 <u>않은</u> 것은 무엇인가요? (　　　　)

① 지표면이 강하게 깎여 나갈 수 있다.

② 땅의 모양이 커다란 U자 모양으로 바뀔 수 있다.

③ 매우 느리게 움직이면서 땅을 거칠게 만들 수 있다.

④ 수만 년 동안 쌓인 두꺼운 얼음층이 뜯겨 나갈 수 있다.

⑤ 빙하에 의해 만들어진 골짜기에 바닷물이 채워질 수 있다.

지구 과학과 관련된 말

✏️ 다음 뜻풀이를 보고, 십자말풀이를 완성하세요.

(십자말풀이 표: 1, 3 / 2 / 5 / 4, 8 / 7 / 6)

➡️ 가로

1 땅의 생김새와 땅 위에 있는 모든 물체를 이르는 말.

2 변화의 움직임 등이 급하고 격렬하다.

4 작은곰자리에서 가장 밝은 별.

6 천문 현상을 관측하고 연구하기 위하여 설치한 시설.

7 일정한 간격을 두고 되풀이하여 진행하거나 나타나는 것.

⬇️ 세로

1 지구나 땅의 겉면.

3 어떤 결과를 가져오게 하다.

5 중심 별이 강하게 끌어당기는 힘 때문에 타원형의 궤도를 그리며 중심 별의 주위를 도는 천체.

6 우주에 있는 모든 물체.

8 흙이나 죽은 생물의 뼈 등이 물이나 바람, 빙하 등에 의해 운반되어 일정한 곳에 쌓이다.

[1~2] 다음 밑줄 친 낱말과 바꾸어 쓸 수 있는 낱말을 찾아 √표 하세요.

1

우리가 보는 산이나 들처럼 땅에서 겉으로 드러나 보이는 부분을 <u>지표면</u>이라고 한다. 우리가 살고 있는 지구의 표면은 단단한 땅이 약 30%, 나머지는 호수, 강, 바다와 같은 물로 덮여 있다. 자연에서는 바람이 불고 물이 흐르기 때문에 지표면은 바람이나 물에 의해 조금씩 모양이 변화한다.

① 지도   ② 지반   ③ 지방   ④ 지역   ⑤ 지위

2

현재 많은 수의 인류가 지하수를 식수로 사용하고 있다. 지하수는 땅속의 빈틈을 채우고 있는 물로, 지하수가 있는 지층을 '대수층'이라고 한다. 우리는 오래전부터 지하수를 식수로 마시거나 농사에 이용해 왔다. 그런데 최근 지하수가 <u>고갈되기</u> 시작하면서 문제가 발생하고 있다.

① 마르기   ② 마치기   ③ 갈구하기   ④ 갈등하기   ⑤ 갈망하기

[3~4] 다음 관계의 두 낱말을 찾아 기호를 쓰세요.

3

최근 백두산에서 이상 ㉠<u>징후</u>가 포착되었다. 과거 ㉡<u>기록</u>에 따르면 백두산은 946년에 한 차례 대분화를 한 것으로 ㉢<u>추정</u>을 할 수 있다. 과학자들은 백두산 폭발 당시 남한 전체를 1m 두께로 덮을 정도의 엄청난 분출물이 나온 것으로 보고 있다. 이는 지난 1만 년 사이에 지구에서 발생한 것으로 추정된 화산 분화 중 가장 큰 ㉣<u>규모</u>이다. 그런데 최근 백두산에서 화산 활동으로 인한 지진이 수천 번 관측되는 등 화산 분화 ㉤<u>조짐</u>이 발견되었다.

• 뜻이 비슷한 낱말: ☐☐☐ ━ ☐☐☐

4

화산은 용암의 종류에 따라 그 모양이 달라진다. 폭발력이 크지 않고 ㉠<u>흐르는</u> 용암에 의해 형성되는 ㉡<u>완만한</u> 방패 모양의 화산을 '순상 화산'이라고 하고, ㉢<u>폭발적인</u> 화산 활동으로 높고 ㉣<u>급격한</u> 경사를 가지게 된 화산을 '종상 화산'이라고 한다. 제주도의 한라산은 순상 화산 중 하나고 울릉도는 전체가 하나의 종상 화산 형태를 ㉤<u>띠는</u> 섬이다.

• 뜻이 반대인 낱말: ☐☐☐ ↔ ☐☐☐

[5~6] 다음 글의 [　　　]에 들어갈 낱말을 찾아 ○표 하세요.

5

　　최근 한 박람회에서 인공 지능을 도입한 승강기가 소개되어 눈길을 끌었다. 스마트 승강기는 안전장치가 설치되어 있어 승강기에 사람이 탑승했을 때 영상과 음성을 분석해 위급한 상황임을 [감상할　감소할　감지할] 수 있다고 한다. 또한 위급 상황으로 판단될 경우 119에 자동으로 신고가 진행된다고 한다.

6

　　과학자들이 우리 인류가 우주를 연구해 온 역사상 가장 높은 에너지를 가진 우주선을 [관리했다　관측했다　관통했다]. 여기서 '우주선'이란 우주에서 끊임없이 지구로 내려오는 매우 높은 에너지의 입자로 된 선을 의미한다. 연구에 참여한 한국 과학자의 말에 따르면 이 에너지를 가진 우주 입자를 단 1g만 모아도 핵폭탄 1000억 개가 뿜어내는 에너지와 맞먹는다고 한다.

[7~8] 다음 글의 밑줄 친 낱말을 넣어 문장을 만들어 쓰세요.

　　우주의 탄생을 설명하는 우주론은 다양하다. 그 중 현재 가장 유력한 가설로 인정받고 있는 것은 우주가 빅뱅에서 시작하여 정지해 있지 않고 계속해서 <u>팽창하고</u> 있다는 이론이다. 이 이론에 따르면 우주의 나이는 138억 년 정도이며, 우주 공간의 모든 <u>천체</u>들이 서로 거리가 멀어지는 속도가 점점 빨라지고 있다고 한다.

7　　**팽창하다** : 부풀어서 부피가 커지다.

_____

8　　**천체** : 우주에 있는 모든 물체.

_____

한 걸음 더!

오늘의
나의 실력은?
최고야 좋았어 힘내자

○ '觀'(관)이 들어간 낱말은 '보다'와 관련 있어요. '觀'(관)이 들어간 낱말을 알아보아요.

관조
고요한 마음으로 사물이나 현상을
관찰하거나 깊이 생각함.

관념
어떤 일에 대한 견해나 생각.

觀
볼 관

방관
어떤 일에 직접 나서서
관여하지 않고 곁에서 보기만 함.

낙관
인생이나 세상을 긍정적이고
희망적으로 봄.

Q 다음 문장에 알맞은 낱말을 찾아 ○표 하세요.

(1) 그는 건강이 가장 중요하다는 뚜렷한 (관념, 관망)을 가지고 있다.

(2) 나는 친구들의 싸움에 끼지 않고 (낙관, 방관)만 하는 태도를 취했다.

(3) 회사가 어려웠지만 직원들은 위기를 극복할 수 있다며 (관조, 낙관)의 자세를 보였다.

문화, 예술과 관련된 말 ①

✏️ 다음 낱말의 뜻을 보고 말풍선에서 알맞은 낱말을 찾아 ○표 하세요.

1 나직하다: 「1」 위치가 꽤 낮다. 「2」 소리가 꽤 낮다.
예 깊은 밤 나직한 대화 소리가 들려왔다.
반대말 높직하다

2 선율(旋 돌 선, 律 법 율**):** 소리의 높낮이가 길이나 리듬과 어울려 나타나는 음의 흐름.
예 감미로운 피아노의 선율이 흐르고 있었다.
비슷한말 가락

3 연희(演 펼 연, 戲 놀 희**):** 말과 동작으로 여러 사람 앞에서 재주를 부림.
예 배우들이 무대에서 갖가지 연희를 보여 주었다.

4 악곡(樂 즐길 악, 曲 굽을 곡**):** 음악의 곡조. 곧 성악곡, 기악곡, 관현악곡 등을 통틀어 이르는 말이다.
예 이 악곡은 다양한 악기가 사용되어 풍부한 소리가 나는 게 특징이다.
비슷한말 곡

5 장단: 춤이나 노래의 빠르기를 조절하는 박자.
예 무용수가 장단에 맞추어 춤을 추었다.

6 청아(淸 맑을 청, 雅 아담할 아**)하다:** 작은 흠도 없이 맑고 아름답다.
예 가수가 청아한 목소리로 노래를 불렀다.
비슷한말 청량하다

7 추임새: 판소리에서, 고수가 흥을 돋우기 위하여 창의 사이사이에 넣는 소리. '좋지', '얼씨구', '흥' 등이다.
예 판소리 공연 중 고수가 흥겨운 추임새를 넣었다.

8 협연(協 도울 협, 演 펼 연**)하다:** 한 독주자가 다른 독주자나 악단 등과 함께 한 악곡을 연주하다.
예 피아니스트 박씨는 유명 오케스트라와 협연하였다.

어디선가 맑고 (청아한, 지독한) 피리 소리가 들려오는구나.

흥겨운 (장단, 연희)에 맞추어 춤을 추는 사람들을 보니 정말 즐겁다.

1 다음 낱말의 뜻으로 알맞은 것을 찾아 ○표 하세요.

어휘
확인

선율
(1) 악보를 그릴 수 있게 다섯 개의 선을 그은 종이.　　　(　　　)
(2) 소리의 높낮이가 길이나 리듬과 어울려 나타나는 음의 흐름. (　　　)

연희
(1) 음악을 연주하여 청중에게 들려주는 모임.　　　(　　　)
(2) 말과 동작으로 여러 사람 앞에서 재주를 부림.　　　(　　　)

2 다음 낱말의 뜻을 **보기**에서 찾아 기호를 쓰세요.

어휘
확인

보기

㉠ 음악의 곡조.
㉡ 작은 흠도 없이 맑고 아름답다.
㉢ 춤이나 노래의 빠르기를 조절하는 박자.
㉣ 판소리에서 고수가 흥을 돋우기 위하여 창의 사이사이에 넣는 소리.

(1) 장단 … (　　　)　　　(2) 추임새 …… (　　　)
(3) 악곡 … (　　　)　　　(4) 청아하다 … (　　　)

3 다음 문장에 어울리는 낱말을 찾아 ○표 하세요.

어휘
적용

(1) 국악에서는 (악곡, 추임새)의 주된 가락을 피리로 연주하는 경우가 많다.

(2) 늦은 밤에 그들은 남들이 들을 수 없을 만큼 (나직한, 청아한) 목소리로 대화했다.

4 밑줄 친 낱말을 잘못 사용한 친구의 이름을 쓰세요.

어휘
적용

채민: 카페에는 고요한 클래식 선율이 흐르고 있었어.
로운: 우리는 학예회에서 장단에 맞추어 왈츠를 추었어.
소담: 나는 친구들과 새로 개봉한 연희를 영화관에서 보았어.

(　　　)

5 다음 대화에서 밑줄 친 낱말과 뜻이 비슷한 낱말은 무엇인가요? ( )

어휘
확장

채아: 오늘 친구들이 연주하는 악기는 뭐야?
명준: 수찬이가 피아노를 연주하고, 재진이가 리코더를 분대.
유라: 아하! 피아노와 리코더가 협연하는 것이구나.
채아: 유정이는 피아노와 리코더 선율에 맞춰 노래를 할 거래.

① 가락　　　　　　② 박자　　　　　　③ 연희
④ 추임새　　　　　⑤ 협연

6 다음 문장의 밑줄 친 낱말의 뜻을 보기 에서 찾아 기호를 쓰세요.

어휘
확장

＝보기＝

㉠ 위치가 꽤 낮은.
㉡ 소리가 꽤 낮은.

(1) 할머니 댁 뒤쪽에는 나직한 동산이 하나 있다.　　　　　　(　　　　　　)
(2) 가수의 나직한 노랫소리가 공연장에 울려 퍼졌다.　　　　　(　　　　　　)

관용 표현

7 다음 밑줄 친 속담의 뜻으로 알맞은 것을 찾아 ○표 하세요.

　　다양한 나라의 문화에 대해 알아보는 모둠 활동을 준비하는 시간이었다. 먼저 모둠에서 조사할 주제를 정하기 위해 모둠원들이 모여 의논을 했다. 소영이가 '세계의 음식 문화'에 대해 조사하고 싶다고 말하자 모둠원들은 소영이의 의견대로 주제를 정하였다. 소영이가 또 다시 음식 중에서도 빵의 다양한 종류에 대해 조사하고 싶다고 말하자 모둠원들은 고민 없이 그러자고 대답했다. 소영이는 **남의 장단**에 춤춘다면서 다양한 의견을 제시해 달라고 모둠원들에게 말했다.

(1) 우연히 운 좋은 기회에 하려던 일을 한다.　　　　　　　　　　(　　)
(2) 자기 의견이 없이 남이 하는 대로 따라 한다.　　　　　　　　　(　　)
(3) 곁에서 북돋우며 거들어야 일을 더 잘하게 된다.　　　　　　　(　　)

독해로
어휘 마무리

오늘의
나의 실력은?
 최고야 좋았어 힘내자

8주 1일
정답확인

[8~9] 다음 글을 읽고, 물음에 답하세요.

우리나라의 중요 무형 ㉠문화재인 판소리는 줄거리를 가진 이야기를 가락과 ㉡**장단**이 있는 소리로 들려주는 전통 극음악입니다. 판소리는 조선 후기인 18세기에 널리 불렸으며, 탈춤과 더불어 가장 인기 있는 공연이었습니다. 조선 후기에 널리 불렸던 판소리는 모두 12마당이었으나 현재는 5마당만 남아 있습니다. 판소리는 일제 강점기를 지나면서 쇠퇴하기 시작하였으나 1960년대부터 전통문화에 대한 관심이 높아지면서 판소리를 보존하고 계승하려는 노력이 시작되었습니다. 그 결과 판소리는 2003년에 유네스코 인류 무형 문화 ㉢유산으로 지정되었습니다.

판소리는 ㉣광대가 부르는 노래인 소리와, 말로 하는 대사인 아니리, 춤이나 몸짓인 발림 등으로 이루어집니다. 북을 치며 장단을 맞추는 고수나 관객들이 "얼쑤! 지화자!"와 같은 ㉤**추임새**를 넣으며 진행됩니다.

판소리의 종류는 지역에 따라 전라도의 섬진강 동쪽의 동편제, 섬진강 서쪽의 서편제, 경기도와 충청도의 중고제로 나눌 수 있습니다. 그 중 서편제를 부르는 목소리는 곱고 부드러우면서도 애절합니다.

8 다음 뜻에 알맞은 낱말의 기호를 쓰세요.

판소리에서 고수가 흥을 돋우기 위하여 창의 사이사이에 넣는 소리.

(   )

9 이 글의 내용으로 알맞지 <u>않은</u> 것은 무엇인가요? (   )

① 판소리는 조선 후기에 가장 인기 있는 공연 중 하나였다.
② 판소리는 가락과 장단이 있는 소리로 이야기를 들려준다.
③ 판소리는 2003년에 우리나라 중요 무형 문화재로 지정되었다.
④ 판소리에서 북을 치는 사람을 고수, 노래하는 사람을 광대라고 한다.
⑤ 판소리의 동편제와 서편제는 전라도 섬진강을 기준으로 동서 방향에 따라 구분한다.

문화, 예술과 관련된 말 ②

✏️ 다음 낱말의 뜻을 보고, 밑줄 친 낱말을 알맞게 사용하였으면 ○표, 잘못 사용하였으면 ✕표 하세요.

발상(發 필 발, 想 생각 상)
어떤 생각을 해 냄. 또는 그 생각.
예 그는 발상의 전환으로 문제를 해결했다.
모양이 같은 말 발상: 역사적으로 의미를 지니는 일이 처음 나타나거나 시작됨.

세밀하다
(細 가늘 세, 密 빽빽할 밀)
자세하고 빈틈이 없이 꼼꼼하다.
예 이 화가는 풍경을 아주 세밀하게 묘사한다.
비슷한말 꼼꼼하다, 상세하다

정물(靜 고요할 정, 物 만물 물)
「1」 정지하여 움직이지 않는 무정물. 「2」 과일, 꽃, 화병 등의 스스로 움직이지 못하는 물체들을 놓고 그린 그림.
예 책상에 놓인 정물을 그렸다.

양각(陽 볕 양, 刻 새길 각)
조각에서, 평평한 면에 글자나 그림 등을 도드라지게 새기는 일. 또는 그 조각.
예 양각으로 무늬를 새긴 그릇이 아름답다.

채색하다
(彩 채색 채, 色 빛 색)
그림 등에 색을 칠하다.
예 밑그림을 다 그리고 채색하기 시작했다.
비슷한말 색칠하다

도공(陶 질그릇 도, 工 장인 공)
흙을 빚어 그릇이나 도자기를 만드는 일을 직업으로 하는 사람.
예 도공이 빚어 놓은 그릇이 탁자에 놓여 있었다.

모방하다
(摸 본뜰 모, 倣 본받을 방)
다른 것을 본뜨거나 본받다.
예 외국 문물을 분별없이 모방하는 것이 문제가 되고 있다.
반대말 창조하다

조소(彫 새길 조, 塑 토우 소)
재료를 깎고 새기거나 빚어서 입체적인 모양을 만듦. 또는 그런 미술.
예 성희는 점토를 이용해 조소를 제작했다.

이 소설에는 인물의 마음이 세밀하게 묘사되어 있어.

도희

다양한 발상이 예술 작품을 만드는 것에 도움이 되었어.

성준

이 작품은 기존에 없던 것을 새롭게 모방했다는 평가를 받았어.

윤아

1 다음 낱말의 뜻풀이에 알맞은 낱말을 보기에서 찾아 빈칸에 쓰세요.

어휘
확인

> **보기**
>
> 직업, 입체적, 도드라지게

(1) 도공: 흙을 빚어 그릇이나 도자기를 만드는 일을 (   )으로 하는 사람.

(2) 조소: 재료를 깎고 새기거나 빚어서 (   )인 모양을 만듦. 또는 그런 미술.

(3) 양각: 조각에서, 평평한 면에 글자나 그림 등을 (   ) 새기는 일. 또는 그 조각.

2 다음 밑줄 친 낱말의 뜻에 알맞은 낱말을 찾아 ○표 하세요.

어휘
확인

(1)

아이들이 어른의 행동을 모방하다.

➡ 다른 것을 (들뜨거나, 본뜨거나) 본받다.

(2)

모든 질문에 세밀하게 대답하다.

➡ (간단하고, 자세하고) 빈틈이 없이 꼼꼼하게.

3 다음 중 빈칸에 '발상'이 들어가기에 알맞지 <u>않은</u> 문장을 찾아 기호를 쓰세요.

어휘
적용

> ㉠ 그들은 새로운 (   )이/가 떠오를 때까지 회의를 계속했다.
> ㉡ 주아는 면접을 끝내고 합격자 (   )이/가 나기를 기다렸다.
> ㉢ 사람들은 마을의 치안 문제를 해결할 기발한 (   )을/를 떠올렸다.

(   )

4 밑줄 친 낱말을 바르게 사용하지 <u>못한</u> 문장은 무엇인가요? (   )

어휘
적용

① 연우는 지점토를 이용해 <u>조소</u>를 제작하였다.

② 민우는 새로 산 물감으로 밑그림을 <u>채색했다</u>.

③ 전염병을 <u>모방하기</u> 위해 물은 끓여 먹는 것이 좋다.

④ 우리 가족은 즐거운 여행을 위해 계획을 <u>세밀하게</u> 세웠다.

⑤ <u>도공</u>은 도자기를 굽느라 뜨거운 가마 앞에서 하루종일 땀을 흘렸다.

5 다음 문장의 밑줄 친 낱말의 뜻을 보기에서 찾아 기호를 쓰세요.

어휘
확장

보기

㉠ 어떤 생각을 해 냄. 또는 그 생각.

㉡ 역사적으로 의미를 지니는 일이 처음 나타나거나 시작됨.

(1) 고대 문명의 <u>발상</u>은 대부분 큰 강 주변에서 이루어졌다. ( )

(2) 이번 전시회에는 참신한 <u>발상</u>으로 만들어진 작품들이 많았다. ( )

6 다음 밑줄 친 낱말과 뜻이 비슷한 낱말을 찾아 선으로 이으세요.

어휘
확장

(1) 　그 화가가 붓으로 그린 그림이 매우 <u>세밀하다</u>. ・

・㉮ 꼼꼼하다

(2) 　바가지탈을 알록달록한 물감으로 <u>채색하다</u>. ・

・㉯ 색칠하다

관용 표현

7 다음 글의 내용에 어울리는 한자 성어를 찾아 ○표 하세요.

　하준이와 서준이는 쌍둥이 형제입니다. 엄마께서 용돈을 주시면 서준이는 받자마자 맛있는 간식을 사 먹지만, 하준이는 용돈을 돼지 저금통에 차곡차곡 모으고 **세밀하게** 계획을 세워 필요한 곳에만 사용했습니다. 몇 달 후 하준이와 서준이가 모두 갖고 싶어 하는 장난감이 새로 나왔습니다. 엄마께서는 용돈으로 새 장난감을 사도 된다고 하셨지만, 용돈을 다 써 버린 서준이는 새 장난감을 구경만 할 뿐 살 수 없었습니다.

(1) 연목구어(緣木求魚): 도저히 불가능한 일을 굳이 하려고 한다. ( )

(2) 화중지병(畵中之餠): 마음에는 있지만 차지하거나 사용할 수 없다. ( )

(3) 적반하장(賊反荷杖): 잘못한 사람이 아무 잘못도 없는 사람을 나무람. ( )

독해로
어휘 마무리

오늘의
나의 실력은?

최고야 좋았어 힘내자

8주 2일
정답확인

[8~9] 다음 글을 읽고, 물음에 답하세요.

트릭 아트는 우리 눈이 일으키는 착각인 착시를 이용해서 평면인 그림을 입체적으로 보이게 하거나 움직이는 것처럼 보이게 하는 예술 작품을 말합니다. 트릭 아트를 그릴 때는 우리 눈을 속이기 위해 원근법과 음영법 등의 방법을 활용합니다.

원근법이란, 그림이나 사진 등에서 멀고 가까움을 느낄 수 있도록 표현하는 방법입니다. 우리가 물건을 볼 때, 가까이 있는 사물은 크게, 멀리 있는 사물은 작게 보이는 것처럼 그림을 그릴 때에도 가까이 있는 사물은 크고 밝고 **세밀하게**, 멀리 있는 사물은 작고 어둡게 그리면 원근감을 느낄 수 있습니다. 음영법은 한 가지 색상의 밝고 어두운 대비를 이용하여 입체감을 나타내는 방법을 말합니다. 물체에 그림자를 그려 주고, 특별한 물감을 사용하여 **채색하면** 빛이 물감과 부딪치게 하여 생생한 입체감을 만들 수 있습니다. 또한 트릭 아트는 유명한 작품을 ㉠**모방하기도** 하고, 그림이 캔버스 안에 그려져야 한다는 고정 관념을 깨고 벽과 바닥 등에 그림을 그려 더욱 생동감 넘치는 작품을 탄생시키기도 합니다.

◆ **대비:** 두 가지의 차이를 알아보기 위해 서로 비교함.   ◆ **고정 관념:** 이미 굳어져서 쉽게 바뀌지 않는 생각.

8 이 글을 정리한 내용의 빈칸에 들어갈 낱말이 알맞게 짝 지어진 것은 무엇인가요? (   )

트릭 아트는 (㉠   )와/과 음영법 등의 방법을 활용하여 착시를 일으켜 평면의 그림을 (㉡   )으로 보이게 하거나 움직이는 것처럼 보이게 하는 예술 작품이다.

	㉠	㉡		㉠	㉡		㉠	㉡
①	대비	평면적	②	가까움	평면적	③	원근법	입체적
④	캔버스	입체적	⑤	고정관념	평면적			

9 ㉠ '모방하기도'와 뜻이 반대인 말을 알맞게 말한 친구의 이름을 쓰세요.

- 도윤: '가지고 있기도.'를 뜻하는 '소유하기도'야.
- 서아: '전에 없던 것을 처음으로 만들기도.'를 뜻하는 '창조하기도'야.
- 유진: '사람이나 작품, 물품 등을 일정한 조건 아래 널리 알려 뽑아 모으기도.'를 뜻하는 '모집하기도'야.

(   )

문화, 예술과 관련된 말 ❸

✏️ 다음 낱말이 사용된 상황을 보고, 뜻에 맞는 낱말을 써넣어 사전을 완성하세요.

곧 연주회가 시작될 예정이니 객석에 앉아 주시기 바랍니다.

안녕하세요, 오늘 공연을 지휘하게 된 ○○○입니다. 연주자들이 기량을 마음껏 펼쳐 훌륭한 연주를 선보일 수 있도록 아낌없는 박수 부탁드립니다.

지휘자의 말솜씨가 아주 유려하구나.

적재적소에 배치한 악기들의 소리가 어우러져 정말 멋졌어요.

그러게. 공연하는 사람들의 실력이 아주 뛰어났어.

이렇게 수준 높은 공연을 대중적으로 즐길 수 있게 되어 좋네요.

종종 함께 오자꾸나.

아트홀

어휘 사전

❶ ㄱ ㅅ (客 손님 객, 席 자리 석)
: 극장 등에서 손님이 앉는 자리.

❷ ㄱ ㅇ (公 공평할 공, 演 펼 연) **하다**
: 음악, 무용, 연극 등을 많은 사람 앞에서 보이다.

❸ ㄱ ㄹ (技 재주 기, 倆 재주 량)
: 기술상의 재주.

❹ ㄷ ㅈ ㅈ (大 큰 대, 衆 무리 중, 的 과녁 적): 수많은 사람의 무리를 중심으로 한 것.
비슷한말 통속적

❺ ㅅ ㅂ ㅇ ㄷ : 물건이나 사람 등이 처음 모습을 드러내다.

❻ ㅂ ㅊ (配 짝 배, 置 둘 치) **하다**
: 사람이나 물건 등을 일정한 자리에 알맞게 나누어 두다.
비슷한말 배정하다, 안배하다

❼ ㅇ ㄹ (流 흐를 유, 麗 고울 려) **하다**
: 글이나 말, 곡선 등이 거침없이 미끈하고 아름답다.

❽ ㅈ ㅎ (指 가리킬 지, 揮 휘두를 휘) **하다**
: 합창·합주 등에서, 많은 사람의 노래나 연주가 조화를 이루도록 앞에서 이끌다.

1 다음 낱말의 뜻을 **보기**에서 찾아 기호를 쓰세요.

어휘
확인

보기

ㄱ 기술상의 재주.
ㄴ 극장 등에서 손님이 앉는 자리.
ㄷ 수많은 사람의 무리를 중심으로 한 것.
ㄹ 글이나 말, 곡선 등이 거침없이 미끈하고 아름답다.

(1) 기량 …… (   )   (2) 객석 ……… (   )

(3) 대중적 … (   )   (4) 유려하다 … (   )

2 다음 낱말의 뜻으로 알맞은 낱말을 찾아 ○표 하세요.

어휘
확인

(1) 선보이다   물건이나 사람 등이 (처음, 마지막) 모습을 드러내다.

(2) 배치하다   사람이나 물건 등을 일정한 자리에 (알맞게, 알차게) 나누어 두다.

3 다음 빈칸에 공통으로 들어갈 낱말을 쓰세요.

어휘
적용

• 피아노 연습을 게을리했더니 예전보다 ☐☐ 이 떨어졌다.

• 유빈이는 달리기에 뛰어난 ☐☐ 을 보여 학교 대표 선수로 뽑혔다.

• 전 세계의 축구 대표 선수들이 월드컵 무대에서 ☐☐ 을 겨루었다.

(   )

4 다음 글의 ㉠, ㉡에 들어갈 낱말이 모두 알맞은 것은 무엇인가요? (   )

어휘
적용

우리 반은 학예회에서 뮤지컬을 (㉠   ). 무대 감독의 역할을 하게 된 나는
(㉡   )에서 무대를 바라보는 위치를 생각해 무대를 장식했다. 우리가 공연한
뮤지컬은 관객들에게 재미있었다는 칭찬을 받았다.

	㉠	㉡		㉠	㉡		㉠	㉡
①	배치했다	공연	②	화려했다	지휘	③	선보였다	객석
④	연주했다	무대	⑤	수려했다	상연			

5 다음 글에서 빈칸에 들어갈 알맞은 낱말은 무엇인가요? (   )

어휘
적용

> 우리 마을에서는 가을을 맞아 마을 주민들을 위한 연극을 (   ). 장소는 아파트 단지 내 광장입니다. 오늘 밤 8시에 가족과 이웃이 함께 즐길 수 있는 연극을 보러 오세요. 선착순 50분께는 간식과 음료수를 무료로 드립니다.

① 지휘합니다   ② 공연합니다   ③ 배치합니다
④ 상영합니다   ⑤ 촬영합니다

6 다음 글에서 밑줄 친 낱말과 뜻이 비슷한 낱말을 찾아 쓰세요.

어휘
확장

> 담임 선생님은 키 순서대로 자리를 <u>배치하였다</u>. 우리 반 친구들은 한 달 동안 바뀌지 않는 자리 배치에 불만을 가졌다. 그래서 학급 회의 시간에 자리 배치를 바꾸는 문제에 대해 회의를 하였다. 그 결과 우리는 제비뽑기를 하였고 자리를 골고루 안배하였다. 단 시력이 나쁜 친구는 제일 앞줄에 앉기로 하였다.

(   )

관용 표현

7 다음 글의 상황에 어울리는 속담은 무엇인가요? (   )

> 오늘 아침에 학교에 일찍 간 은채는 책상이 삐뚤빼뚤 놓인 것을 보았어요. 은채는 책상을 반듯하게 **배치하고** 화장실에 갔어요. 그때 학교에 온 하민이가 자리에 앉았어요. 이 모습을 본 선생님께서는 하민이가 책상을 정리한 거냐며 칭찬하셨어요.

① 거미도 줄을 쳐야 벌레를 잡는다
② 고양이 보고 반찬가게 지켜 달란다
③ 급하기는 우물에 가 숭늉 달라겠다
④ 재주는 곰이 넘고 돈은 주인이 받는다
⑤ 남의 잔치에 감 놓아라 배 놓아라 한다

[8~9] 다음 안내문을 읽고, 물음에 답하세요.

찾아가는 구민 행복 야외 음악회

구민 여러분, 안녕하세요? 우리 구에서는 연말을 맞아 구민 여러분들께 감사의 인사를 전하고자 음악회를 개최합니다. ㉠**대중적**으로 널리 알려진 클래식 공연이 열릴 예정이니 구민 여러분의 많은 성원과 참여 부탁드립니다.

- 일시: 20○○년 10월 ○일 수요일 저녁 7시
- 대상: 미래구 구민 모두(무료)
- 장소: 미래 문화 공원 내 야외 공연장
- 프로그램: 차이콥스키,《호두까기 인형》중 <꽃의 왈츠>
- 공연자: 지휘 김◇◇, 소프라노 조□□, 테너 박△△

※ 공연을 **지휘하는** 사람은 상황에 따라 예고 없이 바뀔 수 있습니다.

※ 500명을 수용할 수 있는 **객석을 배치할** 예정이며, 입장은 선착순입니다.

※ 비나 눈이 내리거나 자연재해가 발생할 경우 공연이 취소될 수 있습니다.

※ 음료수는 가져올 수 있으나 기타 음식물은 반입할 수 없습니다.

8 다음 중 ㉠과 뜻이 비슷한 낱말을 보기에서 찾아 쓰세요.

보기

개인적, 논리적, 적극적, 통속적

(   )

9 이 글의 공연에 대한 설명으로 알맞은 것은 무엇인가요? (   )

① 새해를 맞아 구민들에게 감사의 인사를 전하고자 열린다.

② 대다수의 구민들이 알만한 대중가요 공연이 열릴 예정이다.

③ 미래구 구민은 무료로, 다른 구 구민은 유료로 참석할 수 있다.

④ 저녁 시간에 열리는 만큼 음료를 포함한 음식물 반입이 가능하다.

⑤ 먼저 도착하는 차례대로 입장하며 자연재해로 인해 취소될 수 있다.

문화, 예술과 관련된 말 ④

✏️ 다음 낱말의 뜻을 보고, 초성에 알맞은 낱말을 써넣어 대화를 완성하세요.

전통 무용과 현대 음악을 접목한 ㅊ ㅅ 한 공연을 보게 되어서 정말 기뻤어요.

그래, 가까운 곳에서 ㄷ ㅊ 롭고 멋진 공연을 ㅎ ㅇ 할 수 있어서 나도 좋았단다.

또 신나는 음악과 ㅅ ㄹ 한 춤사위가 흥을 ㅂ ㄷ ㅇ 주었어요.

우리 민족의 ㅇ 이 담긴 무용이 이렇게 멋진 모습으로 이어지고 있다니 자랑스럽구나. 이런 다양한 시도를 통해 전통 예술을 젊은 세대에도 자연스럽게 ㅈ ㅍ 하면 좋겠어.

저도 좀 더 전통문화에 관심을 가져야겠어요. 작은 관심이 모이면 전통문화가 더 ㅂ ㅅ 할 수 있겠죠?

오늘의 어휘

● **다채(多 많을 다, 彩 채색 채)롭다:** 여러 가지 색, 종류, 모양 등이 어울려 다양하고 화려하다.

● **번성(蕃 풀 우거질 번, 盛 성할 성)하다:** 세력이 커져서 널리 퍼지다. [비슷한말] 번영하다

● **북돋우다:** 기운이나 정신 등을 더욱 높여 주다. [비슷한말] 격려하다, 고취하다

● **수려(秀 빼어날 수, 麗 고울 려)하다:** 빼어나게 아름답다.

● **얼:** 정신의 줏대.

● **전파(傳 전할 전, 播 뿌릴 파)하다:** 전하여 널리 퍼뜨리다.

● **참신(斬 벨 참, 新 새로울 신)하다:** 새롭고 신선하다.

● **향유(享 누릴 향, 有 있을 유)하다:** 좋은 것을 가져서 누리다. [비슷한말] 누리다

1 다음 낱말의 뜻으로 알맞은 낱말을 찾아 ○표 하세요.

어휘
확인

(1) 얼 (신체, 정신)의 줏대.

(2) 번성하다 세력이 (커져서, 작아져서) 널리 퍼지다.

(3) 북돋우다 기운이나 정신 등을 더욱 (낮춰, 높여) 주다.

2 다음 낱말의 뜻으로 알맞은 것을 찾아 ○표 하세요.

어휘
확인

향유하다
(1) 좋은 것을 가져서 누리다. ( )
(2) 실력, 수준, 기술 등이 나아지다. ( )

참신하다
(1) 새롭고 신선하다. ( )
(2) 어떤 일에 끼어들어 관계하다. ( )

3 문장에 어울리는 낱말을 보기 에서 찾아 빈칸에 쓰세요.

어휘
적용

보기

다채로웠다, 번성하였다, 전파하였다

(1) 많은 관광객이 찾아오면서 우리 동네는 ( ).
(2) 크리스마스가 되자 여러 장식으로 꾸며진 거리가 ( ).
(3) 그 기업은 전통 음식을 연구하여 한국의 맛을 세계로 ( ).

4 다음 빈칸에 공통으로 들어갈 낱말을 쓰세요.

어휘
적용

• 시험이 끝난 학생들은 마음껏 자유를 ☐☐ 했다.

• 오늘날 대중들은 다양한 예술을 ☐☐ 하며 살아간다.

( )

5 다음 밑줄 친 부분과 바꾸어 쓸 수 있는 낱말의 기본형을 보기 에서 찾아 쓰세요.

> **보기**
>
> 수려하다, 전파하다, 참신하다

(1) 산에 올라가서 빼어나게 아름다운 경치를 보았다.   (   )

(2) 우리 회사 신입 사원이 낸 아이디어는 새롭고 신선해서 칭찬을 받았다.

                                                                  (   )

(3) 의사와 간호사들은 병원이 없는 아프리카 마을에서 사람들에게 의술을 전하여 널리 퍼뜨렸다.   (   )

6 다음 중 뜻이 비슷한 낱말끼리 짝 지어진 것을 모두 고른 것은 무엇인가요? (   )

> ㉠ 북돋우다 - 고취하다   ㉡ 향유하다 - 누리다   ㉢ 번성하다 - 번잡하다

① ㉠   ② ㉡   ③ ㉠, ㉡

④ ㉠, ㉢   ⑤ ㉡, ㉢

관용 표현

7 다음 밑줄 친 한자 성어의 뜻으로 알맞은 것을 찾아 ○표 하세요.

> 독립 운동가 김구는 「나의 소원」이라는 글에서 "오직 우리가 한없이 가지고 싶은 것은 높은 문화의 힘이다. 문화의 힘은 우리 자신을 행복하게 하고 나아가서 남에게 행복을 주기 때문이다."라고 말씀하셨습니다. 오늘날 우리 문화는 전대미문으로 전 세계적인 사랑을 받으며 전 세계가 **향유하는** 문화가 되어가고 있습니다.

(1) 비슷한 특성을 가진 사람들끼리 서로 어울려 사귐.   (   )

(2) 이제까지 들어 본 적이 없는 매우 놀랍거나 처음 있는 일.   (   )

(3) 여러 사람이 서로 자신의 주장을 내세우고 상대의 주장을 반대하여 말함.   (   )

독해로 어휘 마무리

오늘의
나의 실력은?

최고야

좋았어

힘내자

8주 4일
정답확인

[8~9] 다음 글을 읽고, 물음에 답하세요.

한 지역의 문화가 사람들의 이동이나 무역, 텔레비전이나 인터넷과 같은 대중 매체를 통해 다른 지역으로 퍼져 나가는 현상을 '문화 전파'라고 한다. 예를 들어 청바지는 원래 미국에서 천막을 만드는 천을 생산하던 리바이 스트라우스가 대량 생산한 천을 팔 수 없게 되자 우연히 광부들이 헤진 바지를 꿰매 입는 모습을 보고 개발한 것이다. 그는 천막 천으로 바지를 만들면 잘 닳지 않을 것이라는 생각을 했고, 이렇게 탄생한 청바지를 세계 각지로 **전파했다**.

오늘날에는 교통과 통신의 급격한 발달로 전 세계가 지구촌으로 연결되면서 특정 지역의 문화가 세계적으로 **번성하게** 되는 사례를 쉽게 찾아볼 수 있다. 사람들은 자신이 태어나고 자란 지역의 문화를 넘어 세계 각지의 **다채로운** 문화를 **향유하고** 있다. 우리에게는 일상적인 음식인 한국식 치킨이 전 세계에 수출되면서 맛있는 요리로 인기를 끌고 있으며, 김치를 직접 담가 먹는 외국인들도 어렵지 않게 찾아볼 수 있다. 바야흐로 우리나라의 문화가 ㉠<u>세력이 커져서 널리 퍼지게</u> 되는 시대가 왔다고 말할 수 있다.

이처럼 지구촌이 하나로 연결되어 서로 영향을 주고받는 시대에 우리는 어떤 태도를 가져야 할까? 다른 나라의 문화를 대할 때는 절대적 기준이 아닌 상대적인 입장에서 바라보아야 한다. 세계 문화의 다양성을 인정하고 이해하는 입장을 '문화 상대주의'라고 한다.

8 ㉠의 상황을 가리키는 알맞은 낱말을 찾아 빈칸에 쓰세요.

9 이 글의 내용으로 알맞지 <u>않은</u> 것은 무엇인가요? (　　　　)

① 문화는 여러 사람이 이용하는 매체를 통해 퍼져 나갈 수 있다.
② 여러 지역의 문화가 한곳에 모이는 현상을 문화 전파라고 한다.
③ 오늘날에 세계는 교통과 통신의 발달로 인해 하나로 연결되어 있다.
④ 사람들은 자신이 태어나고 자라지 않은 지역의 문화도 누릴 수 있다.
⑤ 우리나라의 치킨이 세계적으로 퍼져서 인기를 끌고 있는 현상도 문화 전파이다.

문화, 예술과 관련된 말

✏️ 다음 뜻에 알맞은 낱말을 가로, 세로, 대각선으로 찾아 연결하세요.

청	아	하	다	북	돈	우	다	모
모	술	율	세	밀	하	다	고	방
성	구	지	협	연	하	다	미	하
유	호	이	다	선	보	이	다	다
주	려	속	표	채	발	솔	다	황
전	려	하	지	상	나	직	하	다
대	현	하	다	세	우	주	기	량

🚗 낱말 뜻

1 기술상의 재주.

2 소리가 꽤 낮다.

3 다른 것을 본뜨거나 본받다.

4 작은 흠도 없이 맑고 아름답다.

5 자세하고 빈틈이 없이 꼼꼼하다.

6 어떤 생각을 해 냄. 또는 그 생각.

7 기운이나 정신 등을 더욱 높여 주다.

8 물건이나 사람 등이 처음 모습을 드러내다.

9 글이나 말, 곡선 등이 거침없이 미끈하고 아름답다.

10 한 독주자가 다른 독주자나 악단 등과 함께 한 악곡을 연주하다.

[1~2] 다음 밑줄 친 낱말과 바꾸어 쓸 수 있는 낱말을 찾아 √표 하세요.

1

> 해 질 녘 강가에서는 오케스트라의 연주가 시작되었다. 강가를 산책하던 많은 사람들이 공연을 보려고 모여들었다. 플루트의 <u>청아한</u> 소리가 마음에 감동의 물결을 일으켰다.

① 청구한   ② 청량한   ③ 청렴한   ④ 청소한   ⑤ 청순한

2

> 선수들이 전국 체육 대회에 참여하기 위해 운동장에 모였다. 우리는 선수들을 지역별로 정해진 자리에 <u>배치해야</u> 했다. 또한 선수들이 경기에만 집중할 수 있도록 영양가 있는 도시락과 편의 시설도 준비했다.

① 배달해야   ② 배려해야   ③ 배웅해야   ④ 배정해야   ⑤ 배제해야

[3~4] 다음 관계의 두 낱말을 찾아 기호를 쓰세요.

3

> 나와 가족들은 세계 미술 대회에 ㉠<u>참여하는</u> 누나의 기운을 ㉡<u>북돋우기</u> 위해 함께 응원을 갔다. 대회 장소에는 전 세계에서 온 ㉢<u>수많은</u> 학생들이 있었다. 우리 가족은 응원봉을 흔들며 큰 소리로 누나를 ㉣<u>격려하기</u> 위해 노력했다. 누나는 가족의 응원을 받아 세계 대회 금상이라는 좋은 성적을 ㉤<u>거두었다</u>.

• 뜻이 비슷한 낱말: ☐ ━ ☐

4

> 주몽이 기원전 37년에 압록강 근처에 세운 나라인 고구려가 가장 ㉠<u>번성했던</u> 시기는 광개토 대왕과 장수왕 때이다. 하지만 이토록 ㉡<u>번영했던</u> 고구려는 6세기 이후에 왕위 계승 문제를 둘러싸고 왕족들 간에 싸움이 벌어지면서 점차 ㉢<u>쇠퇴했다</u>. 신라와 당나라가 고구려를 ㉣<u>공격하자</u> 약해진 고구려는 결국 평양성이 ㉤<u>함락되고</u> 멸망하였다.

• 뜻이 비슷한 낱말: ☐ ━ ☐

[5~6] 다음 글의 〔　　　〕에 들어갈 낱말을 찾아 ◯표 하세요.

5

　　아시안 게임 수영 종목에서 금메달 3개를 딴 김 선수는 실력 면에서 다른 선수들을 뛰어넘는 압도적인 〔 기량 │ 대량 │ 분량 〕을 선보였다. 김 선수는 내년에 개최되는 세계 선수권 대회에서도 꼭 메달을 따겠다는 각오를 밝혔다.

6

　　주민센터에서는 호수 근처에 새로운 공원을 개발하기 위해 지난달부터 주민 아이디어 공모전을 열었다. 한 주민이 주민들이 함께 운동하는 기구로 전기를 생산하자는 의견을 제안했고, 투표 결과 그 주민의 〔 참여한 │ 참신한 │ 참석한 〕 생각이 개발 방안으로 선택되었다.

[7~8] 다음 글의 밑줄 친 낱말을 넣어 문장을 만들어 쓰세요.

　　인간은 오래전부터 동물들을 모방해 왔습니다. 조선 시대에 이순신 장군은 거북이의 모양을 본떠 만든 배를 이용해 전쟁에서 승리하였고, 비행기를 개발한 라이트 형제는 대머리 독수리를 세밀하게 관찰하다 비행기를 만들었다고 합니다. 최근에 우리나라의 한 연구소에서는 두더지가 땅을 파는 행동을 본떠 두더지 로봇을 만들었습니다.

7　　**모방하다** : 다른 것을 본뜨거나 본받다.

_____

8　　**세밀하다** : 자세하고 빈틈이 없이 꼼꼼하다.

_____

한 걸음 더!

오늘의
나의 실력은?
최고야 좋았어 힘내자

8주 5일
정답확인

○ '文'(문)이 들어간 낱말은 '학문, 문학, 예술'등과 관련 있어요. '文'(문)이 들어간 낱말을 알아보아요.

문명

사람의 물질적, 기술적, 사회적
생활이 발전한 상태.

문서

다른 일의 자료가 되거나 어떤 사실을
증명하는 데 쓰이는 글을 적은 종이.

文
글월 문

문화

사회의 공동체가 일정한 목적 또는
생활 이상을 실현하기 위하여 만들고,
익히고, 공유하는 물질적, 정신적 활동.

문학

시, 소설, 수필, 희곡 등과 같이
사람의 생각이나 감정을
말이나 글로 표현한 예술.

Q 다음 문장에 알맞은 낱말을 찾아 ○표 하세요.

(1) 이집트는 고대 (문명, 문장)이 탄생한 나라 중 하나이다.

(2) 비빔밥은 우리나라의 음식 (문학, 문화)을/를 대표하는 메뉴 중 하나이다.

(3) 언니는 소설가가 되기 위해 (문학, 과학) 공부를 본격적으로 시작하였다.

하루 한장 어휘

바른답과 학부모 가이드

5단계 (5~6학년)

하루 한장 어휘의 효율적인 학습을 위한 특별 제공

1

"바른답과 학부모 가이드"의 앞표지를 넘기면 '학습 계획표'가 있어요. 아이와 함께 학습 계획을 세워보세요.

2

"바른답과 학부모 가이드"의 뒤표지를 앞으로 넘기면 '붙임 학습판'이 있어요. 붙임딱지를 붙여 붙임 학습판의 그림을 완성해 보세요.

3

그날의 학습이 끝나면 '정답 확인' QR 코드를 찍어 학습 인증을 하고 하루템을 모아 보세요.

어휘 5단계 주제 학습 계획표

주차	일	주제	학습 어휘	학습한 날	부모님 확인
1주	1일	아름다운 우리말	능동적, 반성하다, 사례, 세대, 실태, 언어생활, 점검하다, 훼손하다	월 일	
	2일		과도하다, 권장하다, 남용하다, 순화하다, 신조어, 심각하다, 친근감, 표기하다	월 일	
	3일		되살리다, 맵시, 방언, 실랑이, 이바지하다, 쪽빛, 터울, 토박이말	월 일	
	4일		넌지시, 다소곳이, 도무지, 무려, 심지어, 엄연히, 우두커니, 팽팽히	월 일	
	5일		1주 복습	월 일	
2주	1일	여러 가지 말	경이롭다, 미천하다, 비범하다, 사소하다, 정교하다, 치밀하다, 희박하다, 황폐하다	월 일	
	2일		단호하다, 상세하다, 암담하다, 역력하다, 유익하다, 은은하다, 특이하다, 평온하다	월 일	
	3일		나부끼다, 북받치다, 빈정대다, 억누르다, 완비하다, 음미하다, 일렁이다, 일조하다	월 일	
	4일		가정하다, 결제하다, 비방하다, 선호하다, 자제하다, 지배하다, 지향하다, 허물어지다	월 일	
	5일		2주 복습	월 일	
3주	1일	토의, 토론과 관련된 말	결정하다, 논의하다, 실천하다, 안건, 원활하다, 토의, 해결책, 협의하다	월 일	
	2일		고려하다, 대처하다, 방안, 소수, 조건, 조정하다, 합의하다, 현황	월 일	
	3일		뒷받침하다, 모호하다, 반박하다, 제기하다, 지적하다, 진행하다, 토론, 펼치다	월 일	
	4일		강조하다, 내세우다, 단정하다, 도출하다, 반론, 자료, 주관적, 태도	월 일	
	5일		3주 복습	월 일	
4주	1일	인문 환경, 자연환경과 관련된 말	노년층, 분포하다, 생활권, 유입되다, 인구, 집중, 추진하다, 형성	월 일	
	2일		공급, 공업, 물자, 산업, 상업, 운송업, 원료, 인위적	월 일	
	3일		고원, 내륙, 밀물, 반도, 벌목, 지대, 평탄하다, 하천	월 일	
	4일		꽃샘추위, 등온선, 산사태, 온화하다, 자연재해, 평균, 한랭하다, 해일	월 일	
	5일		4주 복습	월 일	
5주	1일	옛날과 오늘날의 문화와 관련된 말	굴복하다, 병합하다, 수난, 점령하다, 정복, 진출하다, 토벌하다, 확장하다	월 일	
	2일		개혁, 건국하다, 도읍지, 독창성, 면제하다, 쇠퇴하다, 전성기, 축조	월 일	
	3일		겨레, 농한기, 무방하다, 신분, 유물, 창제하다, 화려하다, 효험	월 일	
	4일		근대화, 법규, 신소재, 양극화, 언론, 유망하다, 전망, 증후군	월 일	
	5일		5주 복습	월 일	
6주	1일	생물과 관련된 말	가설, 관찰하다, 도출하다, 분해하다, 탐구하다, 통제하다, 표본, 확대하다	월 일	
	2일		개체, 광합성, 배출하다, 속하다, 적응, 지지하다, 표면적, 흡수하다	월 일	
	3일		기생하다, 대응하다, 신경계, 유리하다, 침투하다, 토종, 포획, 표피	월 일	
	4일		공생하다, 먹이 사슬, 보전하다, 복원하다, 생태, 저항, 평형, 포식하다	월 일	
	5일		6주 복습	월 일	
7주	1일	지구 과학과 관련된 말	관측하다, 별자리, 북극성, 육안, 주기적, 천문대, 천체, 탐사하다	월 일	
	2일		공전, 궤도, 음력, 자전, 축, 팽창하다, 행성, 혜성	월 일	
	3일		고갈되다, 운반하다, 지표면, 지형지물, 징후, 하류, 해양, 협곡	월 일	
	4일		감지하다, 급격하다, 증발하다, 진동, 초래하다, 침식, 퇴적되다, 풍화	월 일	
	5일		7주 복습	월 일	
8주	1일	문화, 예술과 관련된 말	나직하다, 선율, 악곡, 연희, 장단, 청아하다, 추임새, 협연하다	월 일	
	2일		도공, 모방하다, 발상, 세밀하다, 양각, 정물, 조소, 채색하다	월 일	
	3일		객석, 공연하다, 기량, 대중적, 배치하다, 선보이다, 유려하다, 지휘하다	월 일	
	4일		다채롭다, 번성하다, 북돋우다, 수려하다, 얼, 전파하다, 참신하다, 향유하다	월 일	
	5일		8주 복습	월 일	

바른답과
학부모 가이드

5단계 (5~6학년)

1주 아름다운 우리말

✏️ (1) 훼손하고 (2) 세대

1 (1) ㉢ (2) ㉡ (3) ㉠

2 (1) 있는 그대로의 (2) 말 (3) 나이

3 재아

4 (1) 훼손한 (2) 세대

5 (2) (○)

6 수동적

7 (3) (○)

8 ⑤

9 (1) (○) (3) (○)

3 '반성하다'는 '자신의 말이나 행동에 대해 잘못이나 부족함이 없는지 돌이켜 보다.'를 뜻하므로, 미술 대회에서 상을 받은 것은 반성할 일로 알맞지 않습니다. 재아는 '자랑하다'를 사용하여 말하는 것이 알맞습니다.

4 (1) 경찰에 붙잡힌 사람은 문화재를 헐거나 함부로 다루어 못 쓰게 한 사람일 것이므로 '훼손한'이 알맞습니다. (2) 젊은 층과 어른들 간의 갈등이 발생한 것이므로 함께 쓰일 수 있는 낱말은 '세대'가 알맞습니다.

5 '어떤 일이 전에 실제로 일어난 예.'를 뜻하는 '사례'와 뜻이 비슷한 낱말은 '구체적인 실제의 예.'를 뜻하는 '실례'입니다.

6 '자기 스스로 판단하여 적극적으로 움직이는 것.'을 뜻하는 '능동적'과 뜻이 반대인 낱말은 '스스로 움직이지 않고 남의 힘을 받아 움직이는 것.'을 뜻하는 '수동적'입니다.

7 선생님께서는 아이들 사이에 일어나는 다툼의 원인을 찾아보려고 언어생활을 점검해 보자고 하신 것입니다. 친구들끼리 서로 배려하고 고운 말을 사용하면 다툼이 줄어들 것이라고 하셨으므로, 선생님께서 반 아이들에게 알려 주신 속담은 '가는 말이 고와야 오는 말이 곱다'가 알맞습니다.

8 뜻을 알기 어려운 줄임 말과 신조어, 외래어가 무분별하게 사용되는 것은 우리말을 올바르게 사용하지 못하는 것이므로 우리말을 훼손하는 사례입니다.

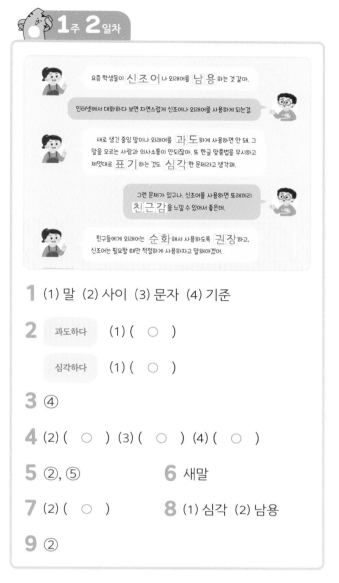

1 (1) 말 (2) 사이 (3) 문자 (4) 기준

2 과도하다 (1) (○)
심각하다 (1) (○)

3 ④

4 (2) (○) (3) (○) (4) (○)

5 ②, ⑤

6 새말

7 (2) (○)

8 (1) 심각 (2) 남용

9 ②

3 외국에서 들어온 외래어를 한글이라는 문자로 적는 것이므로 ㉠에는 '표기'가 들어가는 것이 알맞습니다. 일본에서 들어온 말인 '우동'을 우리말인 '가락국수'로 다듬어서 바꾸어 표현한 예이므로 ㉡에는 '순화'가 들어가는 것이 알맞습니다.

4 '남용하다'는 '일정한 기준이나 한도를 넘어서 함부로 쓰다.'를 뜻합니다. 용돈을 남용하면 돈을 모을 수 없으므로 (1)에서는 '절약하다', '아끼다' 등을 사용하는 것이 알맞습니다.

5 '과도하다'와 뜻이 비슷한 낱말은 '정도가 지나치다.'를 뜻하는 '심하다'와, '일정한 한도를 넘어 정도가 심하다.'를 뜻하는 '지나치다'입니다.

9 '홈페이지'를 순화한 말은 '누리집'입니다. '댓글'은 인터넷에 오른 원문에 대하여 짤막하게 답하여 올리는 글을 뜻하는 말로 '리플'을 순화한 말입니다.

✏️ 아인 ○ 시아 ✕ 도윤 ○

1 (1) ㉠ (2) ㉡ (3) ㉢ (4) ㉣

2 (1) 푸른빛 (2) 나이 (3) 찾게

3 ㉠   **4** ⑤

5 ㉡, ㉢   **6** 기여하였다

7 (2) (○)   **8** ㉣, ㉢, ㉮, ㉯

9 사투리

3 '맵시'는 '아름답고 보기 좋은 모양새.'를 뜻하는 말로, '맵시 있다.' '맵시가 나다.', '맵시를 부리다.', '아름다운 한복의 맵시' 등과 같이 쓰입니다. 그러나 '맵시가 바르다.', '바른 맵시'와 같은 표현은 알맞지 않습니다. ㉠의 빈칸에는 '자세'가 들어가는 것이 알맞습니다.

4 할 일을 미루는 나쁜 습관은 다시 생기게 할 것이 아니라 고쳐야 할 것입니다. 따라서 ⑤에서 '되살리다'는 잘못 사용하였습니다.

5 '방언'과 뜻이 비슷한 낱말은 '사투리'입니다. '토박이말'과 뜻이 비슷한 낱말은 '고유어', '순우리말'입니다.

6 '어떤 일이나 대상이 잘되도록 도움을 주다.'를 뜻하는 '이바지하다'와 뜻이 비슷한 낱말은 '도움이 되도록 이바지하다.'를 뜻하는 '기여하다'입니다.

7 장기를 가르쳐 주신 할아버지보다 장기를 더 잘 두게 되어 할아버지를 이긴 지훈이의 상황이 '청출어람'과 관련 있습니다. (1)은 여러 가지를 잘하는 사람을 뜻하는 '팔방미인'을, (3)은 '아들의 성격이나 생활 습관 등이 아버지로부터 대물림된 것처럼 같거나 비슷함.'을 뜻하는 '부전자전'을 사용할 수 있는 상황입니다.

8 주시경과 제자들이 『말모이』 편찬 작업을 시작했으나 주시경의 죽음으로 중단되었습니다. 그 뒤 『말모이』 원고를 바탕으로 국어학자들이 국어사전을 편찬하려고 조선어사전편찬회를 만들었고 우리말 모으기에 나섰습니다. 이 소식에 전국 각지에서 지역의 사투리를 적은 편지를 보냈습니다. 해방 뒤인 1957년에 『큰사전』이 편찬되어 세상에 나왔습니다.

✏️ ❶ 넌지시 ❷ 다소곳이 ❸ 도무지 ❹ 무려
   ❺ 심지어 ❻ 엄연 ❼ 우두커니 ❽ 팽팽히

1 (1) ㉢ (2) ㉮ (3) ㉯

2 (1) 도무지 (2) 팽팽히 (3) 다소곳이

3 (1) 다소곳이 (2) 엄연히 (3) 심지어 (4) 넌지시

4 (1) (○) (3) (○)

5 ⑤   **6** (1) ㉡ (2) ㉠

7 (3) (○)   **8** (2) (○)

9 (1) (○) (2) (○)

3 (1) 부모님의 말씀을 들으며 앉아 있으므로 '다소곳이'가 알맞습니다. (2) 게임 속 '나'의 캐릭터가 현실의 '나'가 아닌 것은 누구도 부정할 수 없을 만큼 분명하므로 '엄연히'가 알맞습니다. (3) 창문이 흔들리는 것에서 더 나아가 깨지기까지 했다는 것이므로 '심지어'가 알맞습니다. (4) 할아버지께서 지민이에게 드러나지 않게 가만히 만 원을 주신 것이므로 '넌지시'가 알맞습니다.

4 '우두커니'는 '넋이 나간 듯이 가만히 한자리에 서 있거나 앉아 있는 모양.'을 뜻하므로 '우두커니 뛰어갔어.'는 잘못된 표현입니다.

5 '넌지시'와 뜻이 비슷한 낱말은 '남의 눈에 띄지 않게 넌지시.'를 뜻하는 '슬며시'입니다. '듬뿍'은 '매우 많거나 넉넉한 모양.'을, '갑자기'는 '미처 생각할 겨를도 없이 급히.'를, '멋대로'는 '아무렇게나 하고 싶은 대로.'를, '번번이'는 '일이 생기는 때마다.'를 뜻합니다.

6 (1) 실 전화기의 실이 늘어지지 않고 힘껏 당겨져 있어야 말소리가 잘 들린다는 의미이므로 ㉡의 뜻입니다. (2) 교복 착용에 반대하는 의견과 찬성하는 의견 중 어느 한쪽이 우세하지 않고 서로 엇비슷하게 맞섰다는 의미이므로 ㉠의 뜻입니다.

7 박제상이 일본으로 떠난 뒤 박제상의 아내는 날마다 산에 올라가 일본 땅을 바라보며 서 있었고, 결국 남편을 기다리다 지쳐 죽었다고 했습니다. 따라서 빈칸에는 '몹시 애타게 오랫동안 기다리다.'를 뜻하는 '눈이 빠지게 기다리다'가 들어가는 것이 알맞습니다.

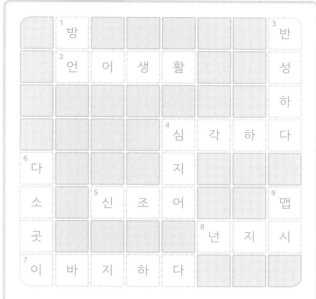

		¹방					³반
	²언	어	생	활			성
							하
				⁴심	각	하	다
⁶다				지			
소		⁵신	조	어			⁹맵
곳					⁸년	지	시
⁷이	바	지	하	다			

1 ④ **2** ⑤

3 ㉡, ㉢ **4** ㉠, ㉢

5 표기하는 **6** 세대

7 🅔 여행을 가기 전에 엄마가 정비소에 가서 자동차를 점검하셨다.

8 🅔 설날에 차가 밀려 할아버지 댁에 가는 데 무려 다섯 시간이나 걸렸다.

한 걸음 더! (1) 언쟁 (2) 조언 (3) 언어

3 '스스로 움직이지 않고 남의 힘을 받아 움직이는 것.'을 뜻하는 '수동적'과, '자기 스스로 판단하여 적극적으로 움직이는 것.'을 뜻하는 '능동적'이 뜻이 서로 반대인 낱말입니다.

4 '한자어나 외래어가 섞이지 않은 순수한 한국어.'를 뜻하는 '토박이말'을 '고유어', '순우리말'이라고도 합니다. '우리말'은 '우리나라 사람의 말.'을 뜻하므로 우리말처럼 쓰이는 외래어와 한자어도 포함합니다.

7 무엇을 낱낱이 검사했거나, 점검하는 것을 보았던 상황을 떠올려 문장을 써 봅니다.

한 걸음 더! (1) 크게 싸우는 상황이므로 말로 옳고 그름을 가리는 다툼인 '언쟁'을 벌이는 것이 알맞습니다. (2) 할머니 생신 선물에 대해 엄마가 재이에게 도움이 되는 말을 할 것이므로 '조언'이 알맞습니다. (3) 다른 나라 사람들과 소통하기 위해 공부하는 것은 '언어'가 알맞습니다.

2주 여러 가지 말

✏️ ❶ 경이 ❷ 미천 ❸ 비범 ❹ 사소
❺ 정교 ❻ 치밀 ❼ 희박 ❽ 황폐

1 (1) 적다 (2) 뛰어나다 (3) 꼼꼼하다

2 (1) ㉯ (2) ㉮ (3) ㉰

3 (1) 정교한 (2) 사소한 (3) 황폐한

4 희박하다고, 치밀하게

5 (2) (○) **6** ③

7 (2) (○)

8 (1) (○) (3) (○)

9 (1) 미천한 (2) 비범한

3 (1) 돌에 사람의 모습을 새기는 솜씨를 꾸며 주는 말로는 '솜씨나 기술 등이 빈틈이 없이 자세하고 뛰어나다.'를 뜻하는 '정교하다'가 알맞습니다. (2) '별일 아닌'이라는 말에서 보잘것없이 작거나 적은 '사소한' 일로 다투었음을 알 수 있습니다. (3) 거칠어져 못 쓰게 된 '황폐한' 땅을 일구어 농사지을 수 있는 땅으로 만들었을 것입니다.

4 우승할 가능성이 적은 ○○고등학교가 우승을 했다는 내용이므로 '어떤 일이 이루어질 가능성이 적다.'를 뜻하는 '희박하다'가 알맞습니다. 감독은 경기마다 상대팀의 약점을 파악하고 작전을 세웠다고 했으므로 '성격이나 계획 등이 자세하고 꼼꼼하다.'를 뜻하는 '치밀하다'가 알맞습니다.

6 '신분이나 지위 등이 하찮고 천하다.'를 뜻하는 '미천하다'와 뜻이 반대인 낱말은 '지위나 신분이 높고 귀하다.'를 뜻하는 '존귀하다'입니다.

8 장영실은 중국에 가서 천문 관측 기술을 배우고 왔습니다. 그 뒤 하루의 시간을 정확히 재서 알리는 물시계인 자격루를 만들었고, 여러 천문 기구를 제작하여 조선의 과학 기술 발달에 이바지했습니다.

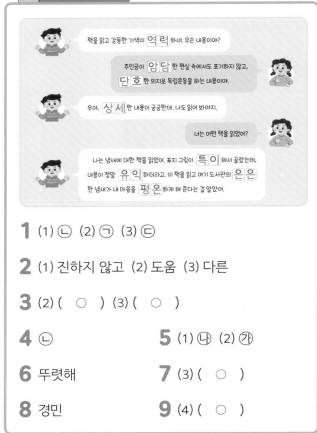

1 (1) ㉡ (2) ㉠ (3) ㉢

2 (1) 진하지 않고 (2) 도움 (3) 다른

3 (2) (○) (3) (○)

4 ㉡

5 (1) ㉯ (2) ㉮

6 뚜렷해

7 (3) (○)

8 경민

9 (4) (○)

3 음식물 쓰레기 냄새 때문에 코를 싸쥐었다고 했으므로 나쁜 냄새가 심하게 나는 상황일 것입니다. '은은하다'는 '냄새가 진하지 않고 그윽하다.'를 뜻하므로 태준이는 낱말을 잘못 사용하였습니다. '그윽하다'는 '느낌이 은근하다.'라는 뜻입니다.

4 '평온하다'는 '평화롭고 조용하다.'라는 뜻입니다. 이러한 마음 상태가 되기에 알맞은 상황은 맑은 공기를 마시며 숲속을 걷는 상황입니다.

5 '상세하다'와 뜻이 비슷한 낱말은 '매우 자세하다.'를 뜻하는 '세세하다'이고, '특이하다'와 뜻이 비슷한 낱말은 '특별하게 다르다.'를 뜻하는 '독특하다'입니다.

6 '자취나 낌새, 기억 등이 환히 알 수 있게 또렷하다.'라는 뜻의 '역력하다'와 바꾸어 쓸 수 있는 낱말은 '아주 확실하거나 흐리지 않고 분명하다.'라는 뜻의 '뚜렷하다'입니다.

7 스마트폰을 보며 시간을 헛되이 흘려보내는 유나에게 오빠가 시간을 보람 있게 쓰면 좋겠다고 충고를 하였습니다. 유나는 충고를 듣고 기분이 상했지만, 곧 그것을 받아들이고 시간을 유익하게 보내야겠다고 생각했으므로 '입에 쓴 약이 병에는 좋다'가 어울리는 속담입니다.

 (1) 일조 (2) 빈정대면

1 (1) 일조하다 (2) 완비하다 (3) 빈정대다

2 (1) ㉠ (2) ㉢ (3) ㉣ (4) ㉡

3

컵에 우유를 가득 부어서 우유가 넘칠 듯이 나부꼈어. ( )

제주도에서 은빛 억새풀들이 바람에 일렁이는 풍경을 보았어. (○)

넘어진 아기가 엄마를 보자 슬픔이 북받쳤는지 울음을 터뜨렸어. (○)

4 음미

5 ①, ⑤

6 (1) ㉠ (2) ㉡

7 (3) (○)

8 ①, ②, ⑤

9 ②

3 '나부끼다'는 '천, 종이, 머리카락 등의 가벼운 물체가 바람을 받아서 가볍게 흔들리다. 또는 그렇게 하다.'를 뜻합니다. 따라서 우유가 넘칠 듯이 나부꼈다는 표현은 잘못되었습니다.

4 이야기가 담고 있는 의미를 새겨서 느끼고 생각하거나 어머니의 요리를 천천히 느끼며 먹는 상황에는 '음미하다'가 알맞습니다.

5 '빈정대다'와 뜻이 비슷한 말은 '남의 마음에 거슬릴 정도로 빈정거리다.'를 뜻하는 '비꼬다'와, '얄밉게 빈정거리며 자꾸 놀리다.'를 뜻하는 '비아냥대다'입니다.

6 ㉠에서는 사또가 백성들을 억지로 짓누른 것이므로 '억누르다'가 (1)의 뜻으로 쓰였습니다. ㉡에서는 성원이가 게임하고 싶은 마음을 스스로 억지로 참은 것이므로 '억누르다'가 (2)의 뜻으로 쓰였습니다.

7 지구 온난화 문제를 남의 일처럼 여기지 말고, 지구 환경을 지킬 수 있는 일을 찾아 적극적으로 실천하자고 주장하는 글입니다. 따라서 '강 건너 불구경'은 '자기와 관계없는 일이라고 하여 무관심하게 보기만 하는 모양.'을 뜻합니다. (1)은 관용어 '죽자 사자', (2)는 '식은 죽 먹기'의 뜻입니다.

9 '덜그럭대다'는 '크고 단단한 물건이 부딪쳐 흔들리면서 맞닿는 소리가 자꾸 나다.'를 뜻하는 말이므로 알맞지 않습니다. 깃발의 움직임을 나타내는 말로는 '천, 종이, 머리카락 등의 가벼운 물체가 바람을 받아서 가볍게 흔들리다.'를 뜻하는 '나부끼다'가 알맞습니다.

✏️ 도희 ○ 성준 ○ 윤아 ✕

1 (1) 목표 (2) 돈 (3) 감정 (4) 사실

2 비방하다 (1) (○)

　　 지배하다 (2) (○)

3 (1) ㉯ (2) ㉮　　**4** (1) 결제 (2) 자제 (3) 가정

5 (3) (○)　　**6** ②, ③

7 (3) (○)　　**8** ③　　　　**9** ③

3 (1) 근거 없이 다른 사람을 비웃고 헐뜯어서 말하는 댓글을 달지 않아야 하므로 '비방하다'는 ㉯의 문장에 들어가야 합니다. (2) 여러 색깔 중 어두운 색을 좋아한다는 의미가 되는 것이 알맞으므로 '여럿 가운데서 특별히 가려서 좋아하다.'를 뜻하는 '선호하다'는 ㉮의 문장에 들어가야 합니다.

4 (1) 슈퍼마켓에서 장을 본 물건의 값을 주고 거래를 끝낸 것이므로 '결제하다'가 알맞습니다. (2) 화가 났지만 감정을 자제하고 차분하게 말했으므로 '자제하다'가 알맞습니다. (3) 무인도에 있지 않지만 있다고 임시로 받아들이고 생각하는 상황이므로 '가정하다'가 알맞습니다.

5 왕은 다른 나라들까지 복종하게 하여 자기가 다스리고 싶은 것이므로 ㉠에는 '지배하다'가 들어가는 것이 알맞습니다. 반면에 왕자는 전쟁을 끝내고 평화를 향해 가고 싶어 하므로 ㉡에는 '지향하다'가 들어가는 것이 알맞습니다.

6 '허물어지다'와 뜻이 비슷한 낱말은 '쌓여 있거나 서 있는 것이 허물어져 내려앉다.'를 뜻하는 '무너지다'와, '무너지고 깨어지다.'를 뜻하는 '붕괴하다'입니다.

7 진서가 친구들을 비방했기 때문에 반 친구들은 진서를 좋게 보지 않았습니다. 다른 사람을 헐뜯은 행동이 결국에 자신에게 해가 되어 돌아온 것이므로 빈칸에 들어갈 속담은 '누워서 침 뱉기'가 알맞습니다.

9 신용 카드 회사에서는 아무에게나 신용 카드를 만들어 주지 않는다고 하였습니다. 카드를 만들려는 사람이 카드로 쓴 돈을 갚을 능력이 있는지, 직장이 있는지, 빚은 없는지 등을 평가하여 만들어 줍니다.

평	교	황	빈	미	결	제	하	다
황	온	묘	정	천	완	개	음	나
폐	엄	하	대	귀	경	비	미	부
하	존	일	박	이	특	하	끼
다	암	담	렁	세	롭	비	숙	다
치	허	물	어	지	다	겹	범	파
자	제	하	다	단	호	하	다	밀

1 세세하게　　　　**2** 놀라운

3 ㉢, ㉤　　　　　**4** ㉣, ㉤

5 ②　　　　　　　**6** ③

7 ᴇ 목욕을 하고 나서 은은한 풀 향기가 나는 로션을 몸에 발랐다.

8 ᴇ 내 동생은 사소한 일에도 잘 토라진다.

한 걸음 더! (1) 별미 (2) 조미료 (3) 미각

1 '낱낱이 자세하다.'를 뜻하는 '상세하다'와 뜻이 비슷한 낱말은 '매우 자세하다.'를 뜻하는 '세세하다'입니다.

5 체험 학습 장소가 우주 체험관으로 결정되었다고 하였으므로, 반 이상의 아이들이 우주 체험관에 가는 것을 좋아했다고 볼 수 있습니다. 따라서 빈칸에는 '여럿 가운데서 특별히 가려서 좋아하다.'를 뜻하는 '선호하다'가 들어가는 것이 알맞습니다.

6 범인은 그림을 훔치기 위해 몇 번이나 미술관에 와서 구조를 파악하고 경보기를 망가뜨렸습니다. 그리고 자신의 계획대로 감쪽같이 그림을 훔쳤으므로 범인이 세운 계획을 꾸며 주는 말로는 '성격이나 계획 등이 자세하고 꼼꼼하다.'를 뜻하는 '치밀하다'가 알맞습니다.

한 걸음 더! (1) 시원한 냉면과 콩국수는 여름철에 먹기에 좋은 맛을 지닌 음식이므로 '별미'가 알맞습니다. (2) 요리에 넣는 것은 '음식의 맛을 알맞게 맞추는 데에 쓰는 재료.'인 '조미료'가 알맞습니다. (3) 음식의 맛을 잘 느끼려면 '혀가 맛을 느끼는 감각.'인 '미각'이 발달하는 것이 알맞습니다.

3주 1일차

✏️ ❶ 결정 ❷ 논의 ❸ 실천 ❹ 안건
❺ 원활 ❻ 토의 ❼ 해결책 ❽ 협의

1 (1) ㉯ (2) ㉰ (3) ㉮

2
토의	(2) (○)
안건	(2) (○)
해결책	(2) (○)

3 (1) 실천 (2) 협의 (3) 안건

4 해결책, 결정할 **5** 실행했다

6 ② **7** (1) (○)

8 ①, ③, ④ **9** (2) (○)

3 (1) 이웃을 사랑하자는 생각을 봉사 활동을 통해 실제로 해 나간 것이므로 빈칸에 들어갈 말은 '실천'이 알맞습니다. (2) 학교 축제를 하기 위해 선생님과 학생들이 행사 프로그램을 협력하여 의논했다는 내용이므로 빈칸에 들어갈 말은 '협의'가 알맞습니다. (3) '급식 때 나오는 음식물 쓰레기 줄이기'는 학급 회의에서 반 아이들이 의논할 사항이므로 빈칸에 들어갈 말은 '안건'이 알맞습니다.

4 토의는 문제가 생겼을 때 문제를 해결하기 위한 방법을 찾기 위해 하는 것이므로 '해결책'이 알맞습니다. 그리고 해결책으로 제시된 다양한 의견들의 장단점을 따져 본 뒤 최선의 해결 방법을 정할 수 있으므로 '결정하다'가 알맞습니다.

6 '거침이 없이 잘 나가는 상태에 있다.'를 뜻하는 '원활하다'와 뜻이 비슷한 낱말은 '일 등이 아무 탈이나 말썽 없이 예정대로 잘되어 가는 상태에 있다.'를 뜻하는 '순조롭다'입니다.

8 ②는 학교에 일찍 오는 순서대로 자리에 앉자는 의견의 단점이고, ⑤는 키 순서대로 자리에 앉자는 의견의 단점입니다.

3주 2일차

✏️ 아인 ○ 시아 ✕ 도윤 ○

1 (1) 수 (2) 현재 (3) 의견 (4) 방법

2 (1) 갖추어야 (2) 바로잡아 (3) 어려운

3 (1) (✕) (2) (○) (3) (○)

4 (1) 현황 (2) 조건 **5** ②

6 다수 **7** (1) (○)

8 다른 사람의 의견을 잘 듣는

9 ③

2 '조건'의 뜻은 '어떤 일을 이루기 위해 갖추어야 하는 것.'입니다. '조정하다'의 뜻은 '어떤 기준이나 상황에 맞게 바로잡아 정리하다.'입니다. '대처하다'의 뜻은 '어떤 어려운 일이나 상황을 이겨 내기에 알맞게 행동하다.'입니다.

3 '합의하다'는 '서로 의견이 일치하다.'라는 뜻입니다. 따라서 '자기 의견만 합의하다.'라는 말은 잘못된 표현입니다. 하율이는 토의가 원활하게 이루어지지 못하는 상황을 말하고 있으므로 '합의하면' 대신 '내세우면', '고집하면' 등의 말을 사용하여 말해야 합니다.

5 '일을 처리하거나 해결해 나갈 방법이나 계획.'을 뜻하는 '방안'과 뜻이 비슷한 낱말은 '어떤 일을 해결할 방법과 꾀.'를 뜻하는 '방책'입니다.

6 '적은 수.'를 뜻하는 '소수'와 뜻이 반대인 낱말은 '많은 수.'를 뜻하는 '다수'입니다. '다소'는 '분량이나 정도의 많고 적음.'을, '다량'은 '많은 분량.'을 뜻하는 낱말입니다.

7 화재 초기에 소화기 한 대는 소방차 한 대 이상의 효과가 있다는 말은 화재가 발생했을 때 빨리 소화기를 사용해야 큰 불로 번지는 것을 막을 수 있음을 의미합니다. 따라서 빈칸에는 '알맞은 조치를 신속히 취하다.'라는 뜻의 '발 빠르다'가 들어가야 합니다. '발 빠르게 대처하다'는 잘 쓰이는 표현이므로 익혀 두도록 합니다.

8 선생님께서는 북아메리카 원주민이 토의에서 사용하던 '지팡이'와 토의 규칙에 대해 반 친구들에게 이야기하면서 토의를 할 때는 다른 사람의 의견을 잘 듣고 이해하는 것이 중요하다는 것을 알려 주셨습니다.

✏️ (1) 반박해 (2) 진행

1 (1) ㉡ (2) ㉠ (3) ㉢

2 (1) 문제 (2) 반대하여 (3) 잘못된

3 (2) (○) (3) (○)

4 ㉢　　　　　**5** (1) ㉕ (2) ㉓

6 애매하게　　　**7** ⑤　　　**8** ④

9 (1) (○) (3) (○)

3 엄마는 저녁 식사 전에 절대 군것질을 하지 말라고 분명하고 강하게 말씀하셨으므로 (1)의 문장에서 '말, 태도, 뜻 등이 흐릿하고 분명하지 못하다.'를 뜻하는 '모호하다'는 잘못 사용한 것입니다.

4 근거는 자신의 주장의 잘못된 점이나 고쳐야 할 점을 가리켜 말하려고 제시하는 것이 아닙니다. 주장이 옳다는 것을 인정받도록 도움을 주기 위해 제시하는 것이므로 ㉢은 '뒷받침하다'로 고쳐야 합니다.

5 '펼치다'는 여러 가지 뜻을 가진 낱말입니다. (1)의 문장은 구체적인 예를 근거로 들며 주장을 전개했다는 의미이므로 '펼치다'가 '생각 등을 전개하거나 발전시키다.'의 뜻으로 쓰였습니다. (2)의 문장은 가방에서 접힌 우산을 꺼내 폈다는 의미이므로 '펼치다'가 '접히거나 포개진 것을 넓게 펴다.'의 뜻으로 쓰였습니다.

6 '말, 태도, 뜻 등이 흐릿하고 분명하지 못하다.'를 뜻하는 '모호하다'와 뜻이 비슷한 낱말은 '희미하여 분명하지 않다.'를 뜻하는 '애매하다'입니다.

7 진호네 반 아이들은 동물원이 있어야 하는가에 대해 서로 다른 주장을 펼치며 열띤 토론을 벌였습니다. 이러한 내용에 어울리는 한자 성어는 '여러 사람이 서로 자신의 주장을 내세우며 상대의 주장을 반대하여 말함.'을 뜻하는 '갑론을박'입니다.

9 초등학생이 교복을 입는 것에 찬성한 아이는 재희와 지효입니다. (1)은 재희가 제시한 근거이고, (3)은 지효가 제시한 근거입니다. (2)와 (4)는 초등학생이 교복을 입는 것에 반대하는 주장을 뒷받침하는 근거입니다.

1 (1) ㉢ (2) ㉡ (3) ㉣ (4) ㉠

2 (1) 단정하다 (2) 도출하다 (3) 강조하다

3 ⑤　　　　　**4** ㉡

5 (1) ㉠ (2) ㉡　**6** (2) (○)

7 (2) (○)　　**8** (1) 반론 (2) 단정

9 (2) (○)

3 '주관적'은 '자신의 생각이나 관점을 기준으로 하는 것.'을 뜻하므로. 토론을 할 때 주관적인 근거를 제시하면 모두가 받아들일 수 없습니다. 따라서 ⑤의 문장에서는 '주관적' 대신에 '개인의 생각이나 감정에 치우치지 않고 사실이나 사물을 있는 그대로 보거나 생각하는 것.'을 뜻하는 '객관적'을 사용해야 합니다.

4 '태도'는 '어떤 일이나 상황 등을 대하는 마음가짐. 또는 그 마음가짐이 드러난 자세.'를 뜻하므로 '태도를 듣다'와 같은 표현은 알맞지 않습니다. ㉡의 문장에는 '견해, 의견, 생각' 등이 들어가야 합니다.

5 50년 전통과 한결같은 음식 맛은 식당의 자랑거리이므로 (1)에서 '내세우다'는 '내놓고 자랑하거나 높이 평가하다.'의 뜻으로 쓰였습니다. 회장 후보가 공약을 내놓은 것이므로 (2)의 문장에서 '내세우다'는 '주장이나 의견 등을 내놓고 주장하거나 지지하다.'의 뜻으로 쓰였습니다.

7 대한민국 땅임이 명백한 독도를 일본이 자기네 땅이라고 주장하는 것은 사실과 다른 주장을 막무가내로 내세우는 것입니다. 이러한 일본의 태도를 빗댄 속담 '콩을 팥이라고 우긴다'의 뜻은 (2)가 알맞습니다.

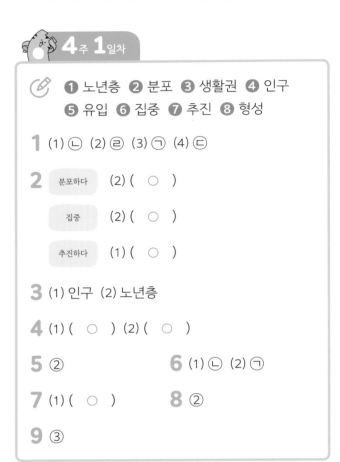

	1태	2도					
4해		출				6합	
3결	정	하	다		5토	의	
책		다				하	
				7강	8조	하	다
			10주		건		
			관				
		9지	적	하	다		

1 ③

2 ④

3 ㉡, ㉢

4 ㉠, ㉢

5 합의했다

6 반론

7 예 언니가 내가 쓴 글을 보더니 맞춤법이 틀렸다고 지적했다.

8 예 장래 희망인 간호사에 대해 조사하기 위해 인터넷에서 자료를 찾아보았다.

한 걸음 더! (1) 혼합 (2) 집합 (3) 합숙

3 '많은 수.'를 뜻하는 '다수'와, '적은 수.'를 뜻하는 '소수'가 뜻이 서로 반대인 낱말입니다

4 '거침이 없이 잘 나가는 상태에 있다.'를 뜻하는 '원활하다'와, '일 등이 아무 탈이나 말썽 없이 예정대로 잘되어 가는 상태에 있다.'를 뜻하는 '순조롭다'가 뜻이 비슷한 낱말입니다.

7 잘못된 점이나 고쳐야 할 점에 대해 말했던 경험이나 그런 말을 들었던 경험을 떠올려 보고 문장을 써 봅니다.

한 걸음 더! (1) 쌀, 콩, 보리를 뒤섞어서 한데 합해 지은 잡곡밥을 먹는 것이므로 '혼합'이 알맞습니다. (2) 3시까지 어떤 한 장소로 모이라고 했으므로 '집합'이 알맞습니다. (3) 전국 대회를 앞둔 상황에서 야구부 선수들은 열심히 훈련하기 위해 한곳에서 함께 묵으면서 훈련했을 것이므로 '합숙'이 알맞습니다.

4주 인문 환경, 자연환경과 관련된 말

✏️ ❶ 노년층 ❷ 분포 ❸ 생활권 ❹ 인구
❺ 유입 ❻ 집중 ❼ 추진 ❽ 형성

1 (1) ㉡ (2) ㉣ (3) ㉠ (4) ㉢

2 분포하다 (2) (○)
집중 (2) (○)
추진하다 (1) (○)

3 (1) 인구 (2) 노년층

4 (1) (○) (2) (○)

5 ②   **6** (1) ㉡ (2) ㉠

7 (1) (○)   **8** ②

9 ③

3 (1) 우리나라에 살고 있는 전체 사람의 수에서 유소년층의 비율이 줄고 있다는 내용이므로 ㉠에는 '한 나라 또는 일정한 지역에 사는 사람의 수.'를 뜻하는 '인구'가 들어가는 것이 알맞습니다. (2) '65세 이상'이라는 말로 보아 ㉡에는 '사회 구성원 가운데 나이가 많이 들어 늙은 시기에 있는 사람을 통틀어 이르는 말.'인 '노년층'이 들어가는 것이 알맞습니다.

4 발목에 심한 부상을 당한 김 선수는 당분간 축구 경기에 출전할 수 없을 것이므로 (3)에서 '목표를 향하여 밀고 나아가다.'를 뜻하는 '추진하다'는 잘못 사용하였습니다.

5 '한곳을 중심으로 하여 모임. 또는 그렇게 모음.'을 뜻하는 '집중'과 뜻이 반대인 낱말은 '갈라져 흩어짐. 또는 그렇게 되게 함.'을 뜻하는 '분산'입니다.

9 다른 지역에 살던 사람들이 전쟁을 피해 남쪽에 있는 부산으로 몰려들었으므로 ㉠에는 '사람이 어떤 곳으로 모여들게 되다.'를 뜻하는 '유입되다'가 들어가는 것이 알맞습니다.

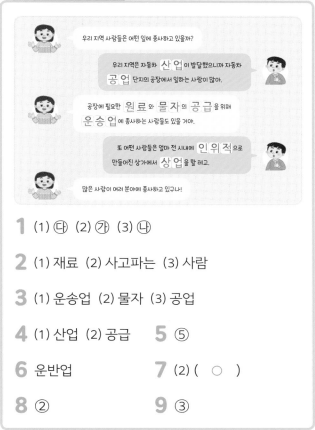

1 (1) ㉰ (2) ㉮ (3) ㉯

2 (1) 재료 (2) 사고파는 (3) 사람

3 (1) 운송업 (2) 물자 (3) 공업

4 (1) 산업 (2) 공급 **5** ⑤

6 운반업 **7** (2) (○)

8 ② **9** ③

3 (1) 가구 공장에서 만든 가구들을 트럭으로 실어 나른다고 하셨으므로 아버지는 '운송업'에 종사하십니다. (2) 이불과 생필품은 '어떤 활동에 필요한 여러 가지 물건이나 재료.'에 해당하므로 주민들에게 '물자'를 보낸 것입니다. (3) 많은 공장이 세워진 곳은 '사람의 힘이나 기계로 원료를 가공하여 상품이나 재료를 만드는 일.'을 하는 '공업' 단지입니다.

4 (1) 제주도에 관광 온 사람들을 상대로 경제 활동을 할 것이므로 관광 '산업'이 발달한 것이 알맞습니다. (2) 전기 시설이 고장 나서 전기를 제공하는 것이 중단되었다는 의미이므로 '공급'이 알맞습니다.

6 '돈을 받고 사람을 태워 나르거나 물건을 실어 나르는 일.'을 뜻하는 '운송업'과 뜻이 비슷한 낱말은 '운반업'입니다. '수공업'은 '손과 간단한 도구를 사용하여 생산하는 작은 규모의 공업.'을, '제조업'은 '물품을 대량으로 만드는 사업.'을 뜻합니다.

7 일자리를 찾아 많은 사람이 포항으로 왔으므로 사람들이 생활하는 데 필요한 여러 시설과 건물들이 많이 생겨났을 것입니다. 따라서 '우후죽순'의 뜻이 '어떤 일이 한때에 많이 생겨남을 이르는 말.'임을 알 수 있습니다.

✎ 도희 ○ 성준 ✕ 윤아 ○

1 (1) 나무 (2) 육지 (3) 강 (4) 바닷물

2 (1) 평평하다 (2) 높은 (3) 바다

3 (1) (○) (2) (○)

4 ㉡ **5** (1) ㉮ (2) ㉯

6 ⑤ **7** (1) (○)

8 (1) (○) (3) (○)

9 ⑤

3 '벌목'은 '산이나 숲에 있는 나무를 벰.'을 뜻하므로 (3)에서 '약초 벌목'은 잘못된 표현입니다. '약초 채집' 또는 '약초 채취' 등으로 써야 합니다.

4 '평야 지대', '높은 지대'는 알맞은 표현입니다. 맑은 물이 흐른다고 했으므로 ㉡의 빈칸에는 '하천'이 들어가야 합니다.

5 (1) 길이 평탄하다는 것은 길의 바닥이 평평하다는 의미이므로 문장에서 '평탄하다'가 ㉮의 뜻으로 쓰였습니다. (2) 어린 시절이 평탄하지 못했다는 것은 어린 시절에 일이 생각한 대로 잘되지 못했다는 의미이므로 문장에서 '평탄하다'가 ㉯의 뜻으로 쓰였습니다.

6 '바다에서 멀리 떨어져 있는 육지.'를 뜻하는 '내륙'과 뜻이 반대인 낱말은 '바다와 육지가 맞닿은 부분.'을 뜻하는 '해안'입니다.

7 비무장 지대가 생태계 복원의 장소로 사람들에게 그 가치를 인정받고 있다고 하였으므로, '눈길을 모으다'의 뜻은 '여러 사람의 시선을 집중시키다.'가 알맞습니다. '잊지 않게 단단히 마음에 기억하다'는 관용어 '가슴에 새기다', '숨을 쉴 수 없을 정도로 답답함을 느끼다'는 관용어 '숨이 막히다'의 뜻입니다.

8 감독은 사람들이 서해안 갯벌의 가치와 중요성을 잘 모르는 것 같아 우리 갯벌에 대해 알리고 싶어 갯벌을 찍었다고 말했습니다. 우리나라의 자연환경 중에 갯벌이 가장 아름답다는 말은 하지 않았으므로 서래는 이 글의 내용을 잘못 이해하고 말했습니다.

✏️ (1) 자연재해 (2) 평균

1 (1) ㉢ (2) ㉠ (3) ㉡ (4) ㉣

2 (1) 한랭하다 (2) 온화하다 (3) 등온선

3 (1) ㉲ (2) ㉯ (3) ㉮

4 평균

5 (1) (○) (2) (○)

6 (1) ㉡ (2) ㉠   **7** (3) (○)

8 (1) (○) (3) (○)

9 ㉠

3 (1) '해일'은 바닷가 마을이 물에 잠기고 큰 피해를 발생하게 하므로 ㉲ 문장에 들어가는 것이 알맞습니다. (2) 짧은 시간에 폭우가 쏟아지면 산 중턱의 흙이나 바윗돌이 무너져 내릴 수 있으므로 '산사태'는 ㉯ 문장에 들어가는 것이 알맞습니다. (3) 이른 봄에 추위가 찾아오면 두꺼운 옷을 입어야 하므로 '꽃샘추위'는 ㉮ 문장에 들어가는 것이 알맞습니다.

4 '키'와 '강수량' 앞에 공통적으로 올 수 있는 낱말은 '여러 사물의 질이나 양 등을 통일적으로 고르게 한 것.'을 뜻하는 '평균'입니다.

5 사는 곳의 지형과 기온에 따라 의식주 생활이 달라지는 것은 자연재해가 주는 영향이 아닙니다. 현태는 '자연환경'을 사용하여 말하는 것이 알맞습니다.

6 '온화하다'는 여러 가지 뜻을 가진 낱말입니다. (1)의 '날씨가 온화하다.'에서 '온화하다'는 ㉡의 뜻이고, (2)의 '성격이 온화하다.'에서 '온화하다'는 ㉠의 뜻입니다.

7 평소에 지진에 철저하게 대비하면 지진이 났을 때 아무 대비도 하지 않아 막대한 피해를 입고 후회하는 일이 생기지 않을 것입니다. 따라서 빈칸에는 '일이 이미 잘못된 뒤에 후회하고 손을 써도 소용이 없다.'를 뜻하는 '소 잃고 외양간 고친다'가 들어가는 것이 알맞습니다.

9 '날씨가 맑고 따뜻한'은 '날씨가 맑고 따뜻하며 바람이 부드러운.'을 뜻하는 '온화한'으로 바꾸어 쓸 수 있습니다.

3꽃	생	9상	평	운	6분	포	하	다
한	샘	활	업	균	송	8인	구	원
랭	7공	추	권	고	원	적	물	형
10자	급	동	위	유	2추	박	4하	천
파	연	집	중	입	진	등	온	균
일	방	재	향	탄	하	평	반	1벌
5내	륙	물	해	안	다	도	자	목

1 인공적   **2** 산붕괴

3 ㉡, ㉢   **4** ㉠, ㉢

5 ②   **6** ④

7 예 내가 좋아하는 카레의 원료가 궁금했는데 엄마가 강황이라고 알려 주셨다.

8 예 우리 동네 주민 센터에는 노년층을 위한 돋보기안경이 마련되어 있다.

한 걸음 더! (1) 지평선 (2) 양지 (3) 지하

3 '바닷물이 하루에 두 차례씩 밀려 들어와서 해수면이 높아지는 현상. 또는 그 바닷물.'을 뜻하는 '밀물'과, '바닷물이 주기적으로 밀려나가서 해수면이 낮아지는 현상. 또는 그 바닷물.'을 뜻하는 '썰물'이 뜻이 서로 반대인 낱말입니다.

5 꽃샘추위가 물러가고 낮 기온이 15도까지 오른다고 하였으므로 빈칸에는 '날씨가 맑고 따뜻하며 바람이 부드럽다.'를 뜻하는 '온화하다'가 들어가는 것이 알맞습니다.

6 교통의 발달로 이동 시간이 줄고, 지역 간의 거리가 점점 가깝게 느껴지면 사람들이 활동하는 범위가 넓어지므로 빈칸에는 '통학, 통근 등 사람들이 일상생활을 할 때 활동하는 범위.'를 뜻하는 '생활권'이 들어가는 것이 알맞습니다.

한 걸음 더! (1) 뒷산에 오르면 멀리 땅의 끝과 하늘이 맞닿아 경계를 이루는 선이 보일 것이므로 '지평선'이 알맞습니다. (2) 아이들이 지평선에 앉을 수는 없습니다. 따뜻한 볕이 드는 곳에서 소꿉놀이하는 것이 어울리므로 '양지'가 알맞습니다. (3) 주차장은 건물 '지하'에 있는 것이 알맞습니다.

5주 옛날과 오늘날의 문화와 관련된 말

5주 1일차

✏ ❶ 굴복 ❷ 병합 ❸ 수난 ❹ 정복 ❺ 점령 ❻ 진출 ❼ 토벌 ❽ 확장

1 확장하다 (1) (○)

진출하다 (1) (○)

2 (1) ㄹ (2) ㄷ (3) ㄴ (4) ㄱ

3 (1) 토벌 (2) 수난 (3) 진출

4 수빈

5 ⑤

6 (1) 병합해서 (2) 점령해서 (3) 확장해서

7 (1) (○) **8** (2) (○)

9 ⑤

3 (1) 장군이 반란군을 무력으로 쳐서 없애려는 것이므로 '토벌'이 들어가는 것이 알맞습니다. (2) 몽골의 침략이라는 견디기 힘든 일을 당한 것이므로 '수난'이 들어가는 것이 알맞습니다. (3) 왕자가 먼 곳까지 세력을 넓혀 나아가려는 것이므로 '진출'이 들어가는 것이 알맞습니다.

4 '확장하다'는 '범위, 규모, 세력 등을 늘려서 넓히다.'라는 뜻입니다. 경찰이 그 사람이 범인이라는 사실을 인정했다는 의미이므로, '틀림없이 그러한가를 알아보거나 인정하다.'라는 뜻의 '확인하다'가 알맞습니다.

5 '굴복하다'는 '힘이 없어 자신의 뜻을 굽히고 남의 뜻이나 명령에 따르다.'라는 뜻입니다. '굴복하다'와 뜻이 비슷한 낱말은 '다른 사람의 명령이나 의견에 그대로 따르다.'라는 뜻의 '복종하다'입니다.

6 (1) '병합하다'는 '둘 이상의 기구나 단체, 나라 등이 하나로 합쳐지다.'라는 뜻의 '합병하다'와 바꾸어 쓸 수 있습니다. (2) '점령하다'는 '군대가 적군의 영토에 들어가 그 지역을 지배하다.'라는 뜻의 '점거하다'와 바꾸어 쓸 수 있습니다. (3) '확장하다'는 '내용이나 범위를 널리 미치게 하다.'라는 뜻의 '넓히다'와 바꾸어 쓸 수 있습니다.

5주 2일차

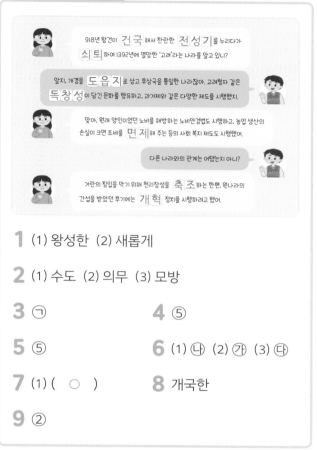

1 (1) 왕성한 (2) 새롭게

2 (1) 수도 (2) 의무 (3) 모방

3 ㉠ **4** ⑤

5 ⑤ **6** (1) ㉯ (2) ㉮ (3) ㉰

7 (1) (○) **8** 개국한

9 ②

3 '건국하다'는 '나라가 세워지다. 또는 나라를 세우다.'라는 뜻입니다. 따라서 ㉡과 ㉢에는 '건국'이 들어가는 것이 알맞습니다. ㉠에는 '건물이나 배 등을 설계하여 만들다.'라는 뜻의 '건조하다'를 사용해야 합니다.

4 '쇠퇴하다'는 '강하게 일어났던 현상이나 세력, 기운 등이 약해지다.'라는 뜻입니다. ⑤에서 전쟁이 끝나고 백성들이 평화롭게 지냈다고 하였으므로 나라의 문화가 점차 '번성하여'라고 말하는 것이 알맞습니다. '번성하다'는 '한창 성하게 일어나 퍼지다.'라는 뜻입니다.

5 '전성기'는 '형세나 세력 등이 한창 왕성한 시기.'라는 뜻이므로, '최고의 경지에 올라 가장 좋은 시기.'라는 뜻의 '황금기'와 뜻이 비슷합니다.

6 (1) '축조하다'는 '쌓아서 만들다.'라는 뜻이므로, '집이나 건물, 다리 등을 설계하여 짓다.'라는 뜻의 '건축하다'와 뜻이 비슷합니다. (2) '면제하다'는 '책임이나 의무에서 벗어나게 하다.'라는 뜻이므로, '책임이나 책망을 면하다.'라는 뜻의 '면책하다'와 뜻이 비슷합니다. (3) '쇠퇴하다'는 '기운이나 세력 등이 줄어 쇠퇴하다.'라는 뜻의 '감퇴하다'와 뜻이 비슷합니다.

✏️ 아인 ○ 시아 ○ 도윤 ✕

1 (1) ㉠ (2) ㉣ (3) ㉢ (4) ㉠

2 (1) 괜찮다 (2) 처음으로 (3) 바쁘지

3 ㉢ **4** 신분

5 창제 **6** ②

7 (3) (○) **8** 지민

9 ③

3 '효험'은 '어떤 일이나 작용의 좋은 보람이나 결과.'라는 뜻입니다. 따라서 기침하는 어린이 환자에게 효과가 있는 약을 처방했다는 ㉢에 '효험'이 들어가는 것이 알맞습니다. ㉠에는 '과학에서, 이론이나 현상을 관찰하고 측정함.'이라는 뜻의 '실험'이 들어가는 것이 알맞고, ㉡에는 신호를 지키지 않았을 때 발생할 수 있는 일이므로 '해로움이나 손실이 생길 우려가 있음. 또는 그런 상태.'라는 뜻의 '위험'이 들어가는 것이 알맞습니다.

4 '학생'은 개인이 사회에서 가지는 역할이나 지위이며 '노비'는 봉건 사회에서 제도적으로 개인에게 주어진 지위나 서열입니다. 따라서 빈칸에 들어갈 낱말은 '신분'이 알맞습니다.

5 세종 대왕이 우리말을 적을 수 있는 글자인 훈민정음을 새롭게 만들었다는 의미이므로, '전에 없던 것을 처음으로 만들거나 정하다.'라는 뜻의 '창제하다'를 사용해야 합니다.

6 '무방하다'는 '거리낄 것이 없이 괜찮다.'라는 뜻입니다. 따라서 '무방하다'와 뜻이 비슷한 낱말은 '문제 될 것이 없다.'라는 뜻의 '상관없다'입니다.

7 '화룡점정'은 무슨 일을 하는 데 가장 중요한 부분을 완성함을 빗대어 표현하는 말이므로, 축구 경기의 역전승을 가능하게 한 마지막 골이 가장 중요했다는 의미로 사용할 수 있습니다.

9 예로부터 우리 겨레는 국가적으로 농업을 중요하게 여겼기 때문에 나라에서는 농업을 장려하였고, 상민 중에서도 농민을 가장 귀하게 여겼다고 하였습니다. 따라서 이 글의 내용으로 알맞은 것은 ③입니다.

✏️ (1) 신소재 (2) 언론 (3) 전망

1 (1) 달라지고 (2) 뛰어난 (3) 발전됨 (4) 지키거나

2 유망하다 (1) (○)
　　전망 (1) (○)

3 (1) 법규 (2) 증후군 (3) 전망

4 언론 **5** ④

6 (1) ㉡ (2) ㉠ **7** (1) (○)

8 예상 **9** ①

3 (1) '법규'는 '법으로 정해져서 지키거나 따라야 할 규칙이나 규범.'이라는 뜻입니다. (2) '증후군'은 '직접적인 원인이 무엇인지 분명하지 않은 채 한꺼번에 나타나는 여러 가지 병적인 증세.'라는 뜻입니다. (3) '전망'은 '앞날을 헤아려 내다봄. 또는 내다보이는 장래의 상황.'이라는 뜻입니다.

4 빈칸에는 '신문이나 방송 등의 매체에서 어떤 사실이나 의견을 널리 알리는 것.'이라는 뜻의 '언론'이 들어가는 것이 알맞습니다.

5 해양 식물이 미래에 식량 자원으로서 활용될 희망이나 가능성이 있다는 뜻이므로 빈칸에 들어갈 말은 '유망한'이 알맞습니다.

6 (1) 한라산 정상에서 내려다본 제주도의 경치가 아름다웠다는 의미이므로, 여기에서의 '전망'은 '넓고 먼 곳을 멀리 바라봄. 또는 멀리 내다보이는 경치.'라는 뜻입니다. (2) 기상청이 올해 겨울이 가장 추울 것이라고 앞날을 내다보았다는 의미이므로, 여기에서의 '전망'은 '앞날을 헤아려 내다봄. 또는 내다보이는 장래의 상황.'이라는 뜻입니다.

7 고모가 몰라보게 변한 학교 주변의 모습을 보고 놀라워했으므로 (1)이 '상전벽해'의 뜻으로 알맞습니다.

8 '전망'과 뜻이 비슷한 낱말은 '어떤 일을 직접 당하기 전에 미리 생각하여 둠. 또는 그런 내용.'이라는 뜻의 '예상'입니다.

9 이촌향도 현상은 촌락의 인구가 도시로 이동하는 것을 말합니다.

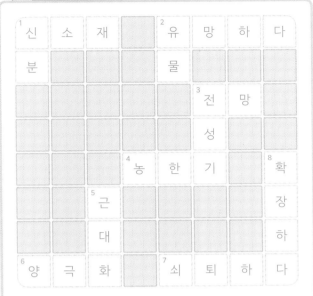

신	소	재		유	망	하	다
분				물			
					전	망	
				성			
			농	한	기		확
		근					장
		대					하
양	극	화		쇠	퇴	하	다

1 ⑤

2 ②

3 ㉡, ㉢

4 ㉣, ㉤

5 면제해

6 유망한

7 예 우리나라 가수들이 세계적으로 인기를 끄는 전성기를 누리고 있다.

8 예 시위대는 도로 위를 점령하고 시민들에게 도움을 요청하였다.

한 걸음 더! (1) 도전 (2) 전략 (3) 접전

4 '힘이 없어 자신의 뜻을 굽히고 남의 뜻이나 명령에 따르다.'를 뜻하는 '굴복하다'와 뜻이 비슷한 낱말은 '다른 사람의 명령이나 의견에 그대로 따르다.'를 뜻하는 '복종하다'입니다.

5 군포는 군역을 지지 않는 대가로 옷감을 내는 제도를 말합니다. 따라서 '책임이나 의무에서 벗어나게 하다.'를 뜻하는 낱말인 '면제하다'가 들어갈 말로 알맞습니다.

6 미래에 주목받는 직업이란 앞으로 잘될 것으로 기대되는 직업을 말합니다. 따라서 '앞으로 잘될 듯한 희망이나 가능성이 있는.'을 뜻하는 낱말인 '유망한'이 알맞습니다.

한 걸음 더! (1) 작년 경기 우승자와 겨루기 위해 노력한 것이므로 '도전'이 알맞습니다. (2) 승리를 위해 치밀하게 세운 것은 '전략'이 알맞습니다. (3) 월드컵에서 우승하기 위해 힘든 상대와 싸웠을 것이므로 '접전'이 알맞습니다.

6주 생물과 관련된 말

✏ ❶ 가설 ❷ 관찰 ❸ 도출 ❹ 분해
　 ❺ 탐구 ❻ 통제 ❼ 표본 ❽ 확대

1 확대하다 (1) (○)

　 탐구하다 (2) (○)

2 (1) ㉣ (2) ㉢ (3) ㉠ (4) ㉡

3 ㉢　　　　　**4** 수진

5 제한하고　　　**6** ②

7 (3) (○)　　**8** 살펴볼

9 ⑤

1 '확대하다'는 '모양이나 규모 등을 더 크게 하다.'라는 뜻이고, '탐구하다'는 '학문 등을 깊이 파고들어 연구하다.'라는 뜻입니다.

3 형이 시계의 부품을 다시 조립한다고 하였으므로, 빈칸에 들어갈 알맞은 낱말은 '여러 부분으로 이루어진 것을 그 부분이나 성분으로 따로따로 나누다.'라는 뜻의 '분해하다'입니다. ㉠에는 '남의 일을 간섭하고 막아 해를 끼치다.'라는 뜻의 '방해하다'가, ㉡에는 '물기나 습기를 말려서 없애다.'라는 뜻의 '건조하다'가 들어가는 것이 알맞습니다.

4 '도출하다'는 '판단이나 결론 등을 이끌어 내다.'라는 뜻입니다. 따라서 자판기에서 음료수가 나왔다는 의미로는 알맞지 않습니다.

5 '통제하다'와 뜻이 비슷한 낱말은 '일정한 정도나 범위를 정하거나 그 정도나 범위를 넘지 못하게 막다.'라는 뜻의 '제한하다'입니다.

6 '확대하다'와 뜻이 반대인 낱말은 '모양이나 규모 등을 줄여서 작게 하다.'라는 뜻의 '축소하다'입니다.

9 미생물 전시관에는 몇몇 미생물을 현미경을 통해 살펴볼 수 있도록 전시되어 있었다고 하였습니다.

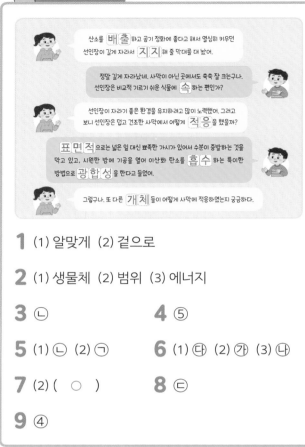

1 (1) 알맞게 (2) 겉으로

2 (1) 생물체 (2) 범위 (3) 에너지

3 ㉡　　　　**4** ⑤

5 (1) ㉡ (2) ㉠　　**6** (1) ㉣ (2) ㉮ (3) ㉯

7 (2) (○)　　**8** ㉢

9 ④

✎ 도희 ○ 성준 ✕ 윤아 ○

1 (1) ㉢ (2) ㉠ (3) ㉣ (4) ㉡

2 (1) 이익 (2) 영양분

3 (1) 포획 (2) 토종 (3) 대응

4 ⑤　　　　**5** ④

6 불리한　　　**7** (1) (○)

8 ③　　　　**9** ②

3 시들었던 장미가 다시 싱싱해졌고, 공기 청정기가 먼지를 깨끗한 공기로 바꿔 내보냈다고 하였으므로, '빨아서 거두어 들이다.'라는 뜻의 '흡수하다'가 들어가기에 알맞은 문장은 ㉠과 ㉢입니다. ㉡에는 '조금도 모자람이 없을 정도로 넉넉하여 만족하다.'라는 뜻의 '흡족하다'가 들어가는 것이 알맞습니다.

4 '개체'는 '전체를 이루는 낱낱의 존재.' 또는 '하나의 독립된 생물체.'라는 뜻입니다. 지구 환경을 지키기 위해 활동하는 것은 '같은 목적을 달성하기 위하여 모인 사람들의 일정한 조직체.'라는 뜻의 '단체'입니다.

5 (1) '우리 학교는 유명한 야구 선수를 많이 배출하였다.'의 '배출하다'는 '훌륭한 인재가 잇따라 나오도록 하다.'라는 뜻입니다. (2) '오래된 트럭에서 매연을 배출하였다.'의 '배출하다'는 '안에서 만들어진 것을 밖으로 밀어 내보내다.'라는 뜻입니다.

7 화가가 꿈인 동생이 어린 나이에도 그림 대회에서 상을 탄 것을 칭찬하는 내용이므로 '될성부른 나무는 떡잎부터 알아본다'라는 속담의 뜻은 (2)번이 적절합니다. (1)은 '황소 뒷걸음치다가 쥐 잡는다'라는 속담의 뜻이고, (3)은 '우물 안 개구리'라는 속담의 뜻입니다.

3 (1) 야생 멧돼지를 잡은 것이므로, '짐승이나 물고기를 잡음.'이라는 뜻의 '포획'이 알맞습니다. (2) 논에 개구리가 늘어나고 있다고 하였으므로, '원래부터 그곳에서 나는 종자.'라는 뜻의 '토종'이 알맞습니다. (3) 태풍 피해를 줄이기 위해 신속하게 행동한 것이므로, '어떤 일이나 사태에 맞추어 태도나 행동을 취하다.'라는 뜻의 '대응하다'가 알맞습니다.

4 피부의 가장 바깥에 있다고 하였으므로, ㉠에는 '동물의 몸을 싸고 있는 피부의 가장 바깥쪽 부분.'이라는 뜻의 '표피'가 들어가는 것이 알맞습니다. 세균이 피부 안으로 들어간다는 것이므로 ㉡에는 '세균이나 병균 등이 몸속에 들어오다.'라는 뜻의 '침투하다'를 사용해야 합니다.

5 곤충이 나뭇잎에 붙어서 영양분을 빼앗아 먹으며 산다는 의미이므로, '다른 동물이나 식물에 붙어서 영양분을 빼앗아 먹으며 살아가다.'라는 뜻의 '기생하다'가 알맞습니다.

6 '유리하다'는 '이익이 있다.'라는 뜻입니다. '유리하다'와 뜻이 반대인 낱말은 '조건이나 입장 등이 이익이 되지 않다.'라는 뜻의 '불리하다'입니다.

7 바닷가재가 힘든 과정을 거쳐 더욱 단단한 껍질을 얻게 된다는 내용이므로, '비 온 뒤에 땅이 굳어진다'가 어울리는 속담입니다.

9 우리 조상들이 '거북'이라고 부르던 파충류가 바로 남생이입니다. ① 남생이와 자라는 모두 우리나라 토종 민물 파충류입니다. ③ 남생이는 과거에는 비교적 쉽게 볼 수 있었습니다. ④ 현재 남생이는 멸종 위기 야생 동물 2급의 보호 대상입니다. ⑤ 정부에서는 남생이를 천연기념물로 지정했습니다.

✏️ (1) 복원 (2) 공생

1 (1) 버팀 (2) 도우며 (3) 기울거나

2 보전하다 (1) (○)

　　 복원하다 (1) (○)

3 (1) 포식 (2) 평형 (3) 생태

4 복원하다　　　**5** ④

6 ⑤　　　**7** (1) (○)

8 먹이 사슬　　　**9** ④

3 (1) 사자가 사슴을 먹는 것이므로 '다른 동물을 잡아먹다.'라는 뜻의 '포식하다'를 사용해야 합니다. (2) 판사가 공정하게 재판하는 것이므로 '사물이나 생각 등이 한쪽으로 기울거나 치우치지 않음.'이라는 뜻의 '평형'이 알맞습니다. (3) 갯벌에서 다양한 생물을 관찰하고 있으므로 '생물이 살아가는 모양이나 상태.'라는 뜻의 '생태'가 들어가는 것이 알맞습니다.

4 두 문장에 공통으로 들어갈 말은 '원래대로 회복하다.'라는 뜻의 '복원하다'입니다.

5 문화재를 온전하게 보호하고 유지해서 후손들에게 남겨 주고 싶다는 뜻이므로 '보전하다'가 알맞습니다.

7 자신의 꿈을 위해 생생한 경험을 하고 싶어 하던 하은이가 생태 박물관에서 열리는 강의에 꼭 참여하고 싶어 하는 내용이므로, '주린 고양이가 쥐를 만났다'는 속담의 뜻은 (1)이 알맞습니다. (2)는 '못된 송아지 엉덩이에 뿔난다', (3)은 '호랑이도 제말하면 온다'의 뜻입니다.

8 '먹이 사슬'은 '자연 생태계에서 생물들끼리 먹고 먹히는 것을 중심으로 형성된 관계.'라는 뜻입니다. 따라서 식물 플랑크톤이 동물 플랑크톤의 먹이가 되는 상황을 가리키는 낱말은 '먹이 사슬'입니다.

9 식물 플랑크톤이 살기에 어려운 환경이 만들어지면 수산 자원이 감소하는 문제가 발생하고, 먹이 사슬의 가장 아래에 있는 식물 플랑크톤이 줄어들면 먹이 사슬 위에 있는 생물들 역시 줄어들 수밖에 없다고 하였습니다.

신	경	계	포	가	복	운	관	성
침	대	응	하	다	설	력	찰	송
식	표	피	관	기	투	본	하	궤
분	슬	오	공	행	생	형	다	평
리	해	탐	생	측	표	하	동	항
대	북	하	하	본	말	서	다	유
조	획	유	다	원	배	출	하	다

1 ④　　　**2** ③

3 ㉢, ㉣　　　**4** ㉢, ㉤

5 적응　　　**6** 복원하는

7 예 새로 산 옷은 땀을 잘 흡수하는 소재로 만들어졌다.

8 예 면역력이 떨어지면 몸에 바이러스가 침투할 가능성이 높다.

한 걸음 더! (1) 채근 (2) 근절 (3) 근성

3 '짐승이나 물고기를 잡음.'을 뜻하는 '포획'과 뜻이 비슷한 낱말은 '사람이 산이나 들에 나가 총이나 활 등으로 짐승을 잡는 일.'을 뜻하는 '수렵'입니다.

4 '모양이나 규모 등을 더 크게 하다.'를 뜻하는 '확대하다'와 뜻이 반대인 낱말은 '수량, 부피, 규모 등을 줄여서 작게 하다.'를 뜻하는 '축소하다'입니다.

6 목장으로 인해 훼손되었던 땅을 숲으로 다시 되돌리는 계획을 세웠다는 내용입니다. 따라서 '원래대로 회복하다.'를 뜻하는 낱말인 '복원하다'가 들어갈 말로 알맞습니다.

7 밖에 있는 물질을 안으로 빨아들이는 모습을 생각해 보고, '흡수하다'의 뜻과 쓰임에 맞게 문장을 써 봅니다.

한 걸음 더! (1) 사건의 진상을 알아내려는 것이므로 '채근'이 알맞습니다. (2) 해충을 모두 없애겠다는 것이므로 '근절'이 알맞습니다. (3) 마음먹은 일은 꼭 해내고야 말겠다는 성질이므로 '근성'이 알맞습니다.

7주 1일차

✏ ❶ 관측 ❷ 별자리 ❸ 북극성 ❹ 육안
❺ 주기적 ❻ 천문대 ❼ 천체 ❽ 탐사

1 주기적 (2) (○)

육안 (2) (○)

2 (1) ㄹ (2) ㄴ (3) ㄱ (4) ㄷ

3 (1) 밝은 (2) 이름 **4** 선아

5 ① **6** 맨눈

7 (3) (○) **8** 시아

9 ②

---

3 (1) '북극성'은 '작은곰자리에서 가장 밝은 별.'이라는 뜻입니다. (2) '별자리'는 '여러 개의 별들이 이어진 모습에 그와 비슷하게 생긴 동물, 물건, 신화 속 인물의 이름을 붙인 것.'이라는 뜻입니다.

4 '육안'은 '안경이나 망원경, 현미경 등을 이용하지 않고 직접 보는 눈.'이라는 뜻이므로 육안으로 보기 위해 현미경을 사용했다는 설명은 알맞지 않습니다.

5 '주기적'은 '일정한 간격을 두고 되풀이하여 진행하거나 나타나는 것.'이라는 뜻입니다. 따라서 '주기적'과 뜻이 비슷한 낱말은 '일정한 시간 간격을 두고 되풀이하는 것.'이라는 뜻의 '간헐적'이 알맞습니다.

6 '육안'과 뜻이 비슷한 낱말은 '안경이나 망원경, 현미경 등을 이용하지 않고 직접 보는 눈.'이라는 뜻의 '맨눈'입니다.

8 '천체'의 뜻은 '우주에 있는 모든 물체.'입니다.

9 ① 종교 재판을 받았지만 끝까지 신념을 굽히지 않았습니다. ③ 의대에 입학했지만 과학과 수학에 관심이 많았습니다. ④ 지구가 태양 주위를 돈다는 지동설을 주장했습니다. ⑤ 직접 만든 망원경으로 우주를 관측했습니다.

7주 2일차

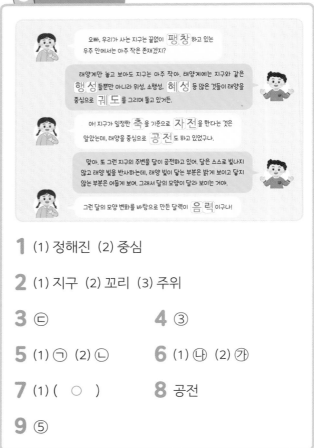

1 (1) 정해진 (2) 중심

2 (1) 지구 (2) 꼬리 (3) 주위

3 ㄷ **4** ③

5 (1) ㄱ (2) ㄴ **6** (1) ㉯ (2) ㉮

7 (1) (○) **8** 공전

9 ⑤

---

4 '궤도'는 '사물이 따라서 움직이는 정해진 길.'이라는 뜻입니다. 알쏭달쏭한 말로 사람들을 속이는 말을 하는 것이므로, '겉으로는 그럴듯하나 실제로는 이치에 맞지 않는 말을 둘러대어 상대방을 속이고 자신의 주장을 합리화시키려는 말.'이라는 뜻의 '궤변'이 알맞습니다.

5 (1) 풍선이 부풀어서 부피가 커졌다는 뜻이므로 ㄱ에는 '부풀어서 부피가 커지다.'라는 뜻의 '팽창하다'가 알맞습니다. (2) 학생 수가 커졌다는 뜻이므로, ㄴ에는 '수량이나 규모, 세력 등의 크기가 커지다.'라는 뜻의 '팽창하다'가 알맞습니다.

6 (1) '사물이 따라서 움직이는 정해진 길.'이라는 뜻의 '궤도'와 뜻이 비슷한 낱말은 '지나가는 길.'이라는 뜻의 '경로'입니다. (2) '중심 별이 강하게 끌어당기는 힘 때문에 타원형의 궤도를 그리며 중심 별의 주위를 도는 천체.'라는 뜻의 '행성'과 뜻이 비슷한 낱말은 '떠돌이별'입니다.

8 달이 지구 주위를 돌고 있어 달과 지구 사이에 끌어당기는 힘인 인력이 작용한다는 내용이므로, ㄱ에는 '한 천체가 다른 천체의 둘레를 주기적으로 도는 일.'이라는 뜻의 '공전'이 들어가는 것이 알맞습니다.

✏️ 아인 ○ 시아 ✕ 도윤 ○

1 (1) ㉡ (2) ㉢ (3) ㉠ (4) ㉣

2 (1) 겉면 (2) 겉으로 (3) 넓고

3 ㉢   **4** ④

5 ⑤   **6** 상류

7 (1) (○)   **8** 지형지물

9 ④

---

2 (1) '지표면'은 '지구나 땅의 겉면.'이라는 뜻입니다. (2) '징후'는 '겉으로 나타나는 낌새.'라는 뜻입니다. (3) '해양'은 '태평양, 대서양, 인도양 등과 같이 넓고 큰 바다.'라는 뜻입니다.

4 가뭄이 발생하면 강이나 호수의 물이 마르게 되므로, ㉠에는 '물이 말라서 없어지다.'라는 뜻의 '고갈되다'를 사용해야 합니다. 그리고 보름가량 비가 오지 않아 수질이 악화되는 일이 일어날 가능성이 있으므로, ㉡에는 '겉으로 나타나는 낌새.'라는 뜻의 '징후'가 들어가는 것이 알맞습니다.

5 고래는 넓은 바다에서 사는 동물입니다. 따라서 빈칸에 공통으로 들어갈 알맞은 낱말은 '태평양, 대서양, 인도양 등과 같이 넓고 큰 바다.'라는 뜻의 '해양'입니다.

6 '강이나 내의 아래쪽 부분.'이라는 뜻의 '하류'와 뜻이 반대인 낱말은 '흐르는 강이나 냇물의 윗부분'이라는 뜻의 '상류'입니다.

7 험하고 가파른 협곡을 마주한 것에 잇따라서 비가 내릴 징후까지 보이는 상황이므로, 어렵거나 나쁜 일이 겹치어 일어난다는 뜻의 '엎친 데 덮치다'가 적절합니다.

9 세계에서 가장 거대한 협곡인 그랜드 캐니언 국립공원은 콜로라도 강에 의해 땅의 생김새와 땅 위에 있는 물체의 모양이 달라진 결과 만들어졌다고 하였습니다. ① 협곡은 물이 지표면을 깎아 만든 지형입니다. ② 세상에서 가장 유명하고 큰 협곡인 그랜드 캐니언 국립 공원은 미국에 있습니다. ③ 멍우리 협곡은 용암이 흘러 만들어졌기 때문에 현무암으로 이루어져 있습니다. ⑤ 멍우리 협곡은 유네스코에서 지정한 세계 지질 공원입니다.

✏️ (1) 증발 (2) 퇴적

1 (1) 기체 (2) 깎는 (3) 쌓이다

2   진동   (1) (○)

     감지하다   (1) (○)

3 (1) 풍화 (2) 퇴적 (3) 침식

4 증발

5 (1) 완만하다 (2) 일으키다

6 알아챘을   **7** (3) (○)

8 ①   **9** ④

---

3 (1) 햇빛으로 인해 벽화가 훼손된다고 하였으므로, '지구 표면에 있는 암석이 햇빛, 공기, 물, 생물 등의 작용으로 조금씩 깨지고 부서지는 일.'이라는 뜻의 '풍화'가 알맞습니다. (2) 강물에 모래가 쓸려 왔다고 하였으므로, '흙이나 죽은 생물의 뼈 등이 물이나 바람, 빙하 등에 의해 운반되어 일정한 곳에 쌓이다.'라는 뜻의 '퇴적되다'를 사용해야 합니다. (3) 해안이 깎이는 작용이 심해진다고 하였으므로, '비, 하천, 빙하, 바람 등의 자연 현상이 땅지표를 깎는 일.'이라는 뜻의 '침식'이 알맞습니다.

4 빨래의 물기가 마르고, 저수지의 물이 마르고, 피부의 수분이 마른다는 것이므로 모두 '어떤 물질이 액체 상태에서 기체 상태로 변하다.'라는 뜻의 '증발하다'를 사용해야 합니다.

5 (1) '급격하다'는 '변화의 움직임 등이 급하고 격렬하다.'라는 뜻이므로, 뜻이 반대인 낱말은 '움직임이 느리다.'라는 뜻의 '완만하다'입니다. (2) '초래하다'는 '어떤 결과를 가져오게 하다.'라는 뜻이므로, 뜻이 비슷한 낱말은 '어떤 힘으로 어떤 현상을 만들어 내다.'라는 뜻의 '일으키다'입니다.

6 '느끼어 알다.'라는 뜻의 '감지하다'와 뜻이 비슷한 낱말은 '낌새를 미리 알다.'라는 뜻의 '알아채다'입니다.

7 '일사천리'는 '강물이 빨리 흘러 천 리를 간다는 뜻으로, 어떤 일이 중간에 걸리거나 막힘이 없이 빨리 진행됨.'이라는 말입니다. (1)은 '전무후무' (2)는 '소탐대실'의 뜻입니다.

¹지	형	지	물			³초	
표						래	
면			²급	격	하	다	
		⁵행				다	
⁴북	극	성					⁸퇴
				⁷주	기	적	
⁶천	문	대					되
체							다

1 ②   **2** ①

3 ㉠, ㉢   **4** ㉡, ㉣

5 감지할   **6** 관측했다

7 예 찌그러진 축구공에 바람을 넣었더니 공기가 팽창하면서 원래 모양이 되었다.

8 예 미국의 천문학자인 허블은 천체를 관찰하며 우주의 크기를 연구하였다.

한 걸음 더! (1) 관념 (2) 방관 (3) 낙관

5 스마트 승강기가 위급한 상황임을 안다는 내용이므로, '느끼어 알다.'라는 뜻의 '감지하다'가 들어가는 것이 알맞습니다. '감상하다'는 '예술 작품이나 경치 등을 즐기고 이해하면서 평가하다.', '감소하다'는 '양이나 수가 줄어들다. 또는 양이나 수를 줄이다.'라는 뜻입니다.

6 우주 연구를 통해 가장 높은 에너지를 가진 우주선을 알아냈다는 내용이므로, '자연 현상을 눈이나 기계로 자세히 살펴보아 어떤 사실을 짐작하거나 알아내다.'라는 뜻의 '관측하다'가 들어가는 것이 알맞습니다. '관리하다'는 '어떤 일을 책임지고 맡아 처리하다.', '관통하다'는 '한쪽에서 다른 한쪽으로 뚫어서 구멍이 나다.'라는 뜻입니다.

한 걸음 더! (1) 건강이 가장 중요하다는 견해를 가진 것이므로 '관념'이 알맞습니다. (2) 친구들의 싸움에 끼지 않았다고 하였으므로 '방관'이 알맞습니다. (3) 위기를 극복할 수 있다고 긍정적으로 생각하였으므로 '낙관'이 알맞습니다.

8주 문화, 예술과 관련된 말

✎ (1) 청아한 (2) 장단

1 선율 (2) (○)

연희 (2) (○)

2 (1) ㉢ (2) ㉣ (3) ㉠ (4) ㉡

3 (1) 악곡 (2) 나직한

4 소담   **5** ①

6 (1) ㉠ (2) ㉡   **7** (2) (○)

8 ㉢   **9** ③

3 (1) 국악에서 곡조의 주된 가락을 피리로 연주하는 경우가 많다는 뜻이므로 '악곡'이 알맞습니다. (2) 남들이 들을 수 없을 만큼 낮고 작은 소리로 대화했다는 뜻이므로 '나직한'이 알맞습니다.

4 '연희'는 '말과 동작으로 여러 사람 앞에서 재주를 부림.'이라는 뜻입니다. 나와 친구들은 영화관에서 새로 개봉한 것을 보았다고 하였으므로, '영화'가 들어가는 것이 알맞습니다.

5 '소리의 높낮이가 길이나 리듬과 어울려 나타나는 음의 흐름.'이라는 뜻의 '선율'과 뜻이 비슷한 말은 '음악에서 음의 높낮이의 흐름.'이라는 뜻의 '가락'입니다.

6 (1) 동산의 위치가 낮은 것이므로 ㉠의 뜻이 알맞습니다. (2) 가수의 노랫소리가 낮은 것이므로 ㉡의 뜻이 알맞습니다.

7 '남의 장단에 춤춘다'라는 속담의 뜻은 '자기 의견이 없이 남이 하는 대로 따라 하다.'입니다. (1)은 '떡 본 김에 제사 지낸다'라는 속담의 뜻이고, (3)은 '장구를 쳐야 춤을 추지'라는 속담의 뜻입니다.

9 판소리가 우리나라 중요 무형 문화재인 것은 맞지만 언제 지정되었는지는 제시되지 않았습니다. 2003년에 판소리는 유네스코 인류 무형 문화 유산으로 지정되었습니다.

도희 ○ 성준 ○ 윤아 ✕

1 (1) 직업 (2) 입체적 (3) 도드라지게

2 (1) 본뜨거나 (2) 자세하고

3 ㉡

4 ③

5 (1) ㉡ (2) ㉠

6 (1) ㉮ (2) ㉯

7 (2) (○)

8 ③

9 서아

3 '발상'은 '어떤 생각을 해 냄. 또는 그 생각.'이라는 뜻입니다. ㉡에는 '어떤 사실이나 결과, 작품 등을 세상에 드러내어 널리 알림.'이라는 뜻의 '발표'가 들어가는 것이 알맞습니다.

4 '모방하다'는 '다른 것을 본뜨거나 본받다.'라는 뜻입니다. ③은 물을 끓여 전염병을 미리 막는 것이 좋다는 내용이므로, '병이나 사고 등이 생기지 않도록 미리 막다.'라는 뜻의 '예방하다'를 사용해야 합니다.

5 (1) 고대 문명이 대부분 큰 강 주변에서 시작되었다는 내용이므로, (1)의 '발상'은 '역사적으로 의미를 지니는 일이 처음 나타나거나 시작됨.'이라는 뜻입니다. (2) 참신한 생각들로 만들어진 작품이 전시되었다는 내용이므로, (2)의 '발상'은 '어떤 생각을 해 냄. 또는 그 생각.'이라는 뜻입니다.

6 (1) '세밀하다'는 '자세하고 빈틈이 없이 꼼꼼하다.'라는 뜻이므로, '세밀하다'와 뜻이 비슷한 낱말은 '빈틈이 없이 자세하고 차분하다.'라는 뜻의 '꼼꼼하다'입니다. (2) '채색하다'는 '그림 등에 색을 칠하다.'라는 뜻이므로, '채색하다'와 뜻이 비슷한 낱말은 '색깔이 나도록 칠을 하다.'라는 뜻의 '색칠하다'입니다.

7 서준이는 용돈을 다 써 버려서 새로 나온 장난감을 사고 싶어도 살 수 없는 상황입니다. 이러한 상황에 어울리는 한자 성어는 '그림의 떡'이라는 말로, 마음에는 있지만 차지하거나 사용할 수 없다.'는 뜻의 '화중지병'입니다.

8 트릭 아트는 ㉠ 원근법과 음영법 등을 활용하여 그림을 ㉡ 입체적으로 보이게 한다고 하였습니다.

❶ 객석 ❷ 공연 ❸ 기량 ❹ 대중적
❺ 선보이다 ❻ 배치 ❼ 유려 ❽ 지휘

1 (1) ㉠ (2) ㉡ (3) ㉢ (4) ㉣

2 (1) 처음 (2) 알맞게

3 기량

4 ③

5 ②

6 안배하였다

7 ④

8 통속적

9 ⑤

2 (1) '선보이다'는 '물건이나 사람 등이 처음 모습을 드러내다.'라는 뜻입니다. (2) '배치하다'는 '사람이나 물건 등을 일정한 자리에 알맞게 나누어 두다.'라는 뜻입니다.

3 연습을 게을리했더니 떨어지고, 달리기에 뛰어남을 보였으며, 선수들이 월드컵 무대에서 겨루었다고 하였으므로, 빈칸에 들어가기에 알맞은 낱말은 '기술상의 재주.'라는 뜻의 '기량'입니다.

4 뮤지컬을 학예회에서 공연했다는 내용이므로, ㉠에 들어가기에 알맞은 낱말은 '물건이나 사람 등이 처음 모습을 드러내다.'라는 뜻의 '선보이다'입니다. 그리고 무대를 바라보는 위치를 고려했다고 하였으므로, ㉡에 들어가기에 알맞은 낱말은 '극장 등에서 손님이 앉는 자리.'라는 뜻의 '객석'입니다.

5 연극을 사람들 앞에서 보인다는 내용이므로 빈칸에는 '공연합니다.'가 들어가는 것이 알맞습니다.

6 '배치하다'는 '사람이나 물건 등을 일정한 자리에 알맞게 나누어 두다.'라는 뜻입니다. '배치하다'와 뜻이 비슷한 낱말은 '알맞게 잘 배치하거나 처리하다.'라는 뜻의 '안배하다'입니다.

9 이 글에 소개된 공연의 입장은 선착순으로 이루어지며, 자연재해로 인해 취소될 수 있다고 하였습니다. ① 공연은 연말을 맞아 감사의 인사를 전하고자 열리는 것입니다. ② 대중적으로 널리 알려진 클래식 공연이 열릴 예정입니다. ③ 미래구 주민을 대상으로 한 공연이므로 다른 구 구민은 참여할 수 없습니다. ④ 저녁 시간인 7시에 열리는 공연은 맞지만 음료수를 제외한 다른 음식의 반입은 불가능합니다.

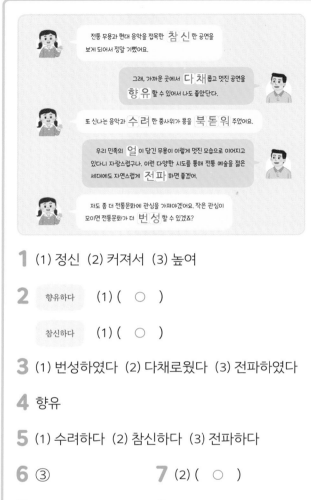

전통 무용과 현대 음악을 접목한 참신한 공연을 보게 되어서 정말 기뻤어요.

그래, 가까운 곳에서 다채롭고 멋진 공연을 향유할 수 있어서 나도 좋았단다.

또 신나는 음악과 수려한 춤사위가 흥을 북돋워 주었어요.

우리 민족의 얼이 담긴 무용이 이렇게 멋진 모습으로 이어지고 있다니 자랑스럽구나. 이런 다양한 시도를 통해 전통 예술을 젊은 세대에도 자연스럽게 전파하면 좋겠어.

저도 좀 더 전통문화에 관심을 가져야겠어요. 작은 관심이 모이면 전통문화가 더 번성할 수 있겠죠?

1 (1) 정신 (2) 커져서 (3) 높여

2 향유하다 (1) (○)

   참신하다 (1) (○)

3 (1) 번성하였다 (2) 다채로웠다 (3) 전파하였다

4 향유

5 (1) 수려하다 (2) 참신하다 (3) 전파하다

6 ③　　　　　**7** (2) (○)

8 번성하게　　　**9** ②

2 '향유하다'는 '좋은 것을 가져서 누리다.'라는 뜻이며, '실력, 수준, 기술 등이 나아지다.'라는 뜻의 낱말은 '향상하다'입니다. '참신하다'는 '새롭고 신선하다.'라는 뜻이며, '어떤 일에 끼어들어 관계하다.'라는 뜻의 낱말은 '참여하다'입니다.

3 (1) 관광객이 찾아오면서 동네가 커졌다는 의미이므로, '세력이 커져서 널리 퍼졌다.'라는 뜻의 '번성하였다'가 알맞습니다. (2) 거리를 여러 장식으로 꾸몄다고 하였으므로, '여러 가지 색, 종류, 모양 등이 어울려 다양하고 화려했다.'라는 뜻의 '다채로웠다'가 알맞습니다. (3) 전통 음식을 연구하여 한국의 맛을 세계에 알렸다는 의미이므로, '전하여 널리 퍼뜨렸다.'라는 뜻의 '전파하였다'가 알맞습니다.

5 (1) '빼어나게 아름답다.'라는 뜻의 낱말은 '수려하다'입니다. (2) '새롭고 신선하다.'라는 뜻의 낱말은 '참신하다'입니다. (3) '전하여 널리 퍼뜨리다.'라는 뜻의 낱말은 '전파하다'입니다.

청	아	하	다	북	돋	우	다	모
모	술	율	세	밀	하	다	고	방
성	구	지	협	연	하	다	미	하
유	호	이	다	선	보	이	다	다
주	려	속	표	채	발	솔	다	황
전	려	하	지	상	나	직	하	다
대	현	하	다	세	우	주	기	량

1 ②　　　　　**2** ④

3 ㉡, ㉣　　　**4** ㉠, ㉡

5 기량　　　　**6** 참신한

7 📝 고속 열차를 산천어라는 물고기의 모양을 모방하여 만들었다.

8 📝 과학자들은 새로 발견된 곤충을 현미경으로 세밀하게 관찰했다.

한 걸음 더! (1) 문명 (2) 문화 (3) 문학

2 '배치하다'는 '사람이나 물건 등을 일정한 자리에 알맞게 나누어 두다.'라는 뜻이므로, '배치하다'와 바꾸어 쓸 수 있는 낱말은 '각자의 몫을 알맞게 나누어 정하여 주다.'라는 뜻의 '배정하다'입니다.

3 '북돋우다'는 '기운이나 정신 등을 더욱 높여 주다.'라는 뜻이므로, 비슷한 뜻을 가진 낱말은 '용기나 의욕이 솟아나도록 북돋게 하다.'라는 뜻의 '격려하다'입니다.

5 김 선수는 다른 선수들을 실력 면에서 뛰어넘었다고 하였으므로, '기술상의 재주.'라는 뜻의 '기량'이 들어가는 것이 알맞습니다.

6 아이디어 공모전의 결과 새로운 생각이 선택되었다는 것이므로, '새롭고 신선하다.'라는 뜻의 '참신하다'가 알맞습니다.

한 걸음 더! (1) 이집트는 고대의 문화가 탄생한 나라 중 하나이므로 '문명'이 알맞습니다. (2) 비빔밥은 우리나라를 대표하는 음식이므로 '문화'가 알맞습니다. (3) '소설가'는 '소설을 전문적으로 쓰는 사람.'을 의미하므로 '문학'이 알맞습니다.

하루의 학습이 끝날 때마다
붙임딱지를 골라 붙여 케이크를 꾸며 보세요.

케이크를 다 완성했을 때
부모님과의 약속 ♥

하루 한장 어휘와 함께하면 문해력이 쑥쑥!
하루 한장 문해력 향상 프로젝트

어휘로 문해력의 기초를 다지고 싶다면?

하루 한장 어휘 * 6책, 단계별

국어 학습의 기본이 되는 초등 필수 어휘를 익혀요.
문장과 글 속에서 어휘를 활용하는 연습을 할 수 있어요.

기본 문해력을 다지고 싶다면?

하루 한장 독해 * 6책, 단계별

독해 원리 학습을 통해 독해의 기본을 공부해요.
국어 교과와 연계하여 문해력의 기초를 다질 수 있어요.

좀 더 향상된 문해력을 가지고 싶다면?

하루 한장 독해+ 6책, 단계별

본격적인 독해 훈련으로 실전 감각을 키워요.
고난도 독해를 해결하며 문해력을 향상시킬 수 있어요.

문해력을 키우며 배경지식을 넓히고 싶다면?

하루 한장 비문학독해 사회편/과학편 * 6책, 단계별

사회, 과학 교과 연계 지문을 통해 배경지식을 확장해요.
비문학 독해를 중점적으로 훈련하며 문해력뿐만 아니라 교과
공부력을 키울 수 있어요.

구성 한눈에 보기

어휘

학년별로 꼭 필요한 어휘를
재미있게 공부해요.

1단계(1~2학년)

1주차	흉내 내는 말
2주차	마음을 나타내는 말
3주차	차례를 나타내는 말
4주차	수를 세는 말
5주차	계절과 관련된 말
6주차	나와 가족과 관련된 말
7주차	주변 장소와 관련된 말
8주차	안전과 관련된 말

2단계(1~2학년)

1주차	느낌을 나타내는 말
2주차	마음을 나타내는 말
3주차	일이 일어난 때와 관련된 말
4주차	재거나 세는 말
5주차	자연과 관련된 말
6주차	공동체와 관련된 말
7주차	우리 문화와 관련된 말
8주차	산업과 관련된 말

3단계(3~4학년)

1주차	의사소통과 관련된 말
2주차	성격을 나타내는 말
3주차	우리 지역과 관련된 말
4주차	시대별 삶의 모습과 관련된 말
5주차	날씨, 생활과 관련된 말
6주차	동물, 식물의 세계와 관련된 말
7주차	음악, 문화와 관련된 말
8주차	약속, 규칙과 관련된 말

4단계(3~4학년)

1주차	자료 활용과 관련된 말
2주차	느낌이나 감정을 나타내는 말
3주차	우리 생활 환경과 관련된 말
4주차	경제 활동과 관련된 말
5주차	자연재해와 관련된 말
6주차	신비로운 지구, 우주와 관련된 말
7주차	아름다운 미술, 문화와 관련된 말
8주차	인간관계와 관련된 말

5단계(5~6학년)

1주차	아름다운 우리말
2주차	여러 가지 말
3주차	토의, 토론과 관련된 말
4주차	인문 환경, 자연환경과 관련된 말
5주차	옛날과 오늘날의 문화와 관련된 말
6주차	생물과 관련된 말
7주차	지구 과학과 관련된 말
8주차	문화, 예술과 관련된 말

6단계(5~6학년)

1주차	문학 작품 읽기와 관련된 말
2주차	비문학 작품 읽기와 관련된 말
3주차	매체 자료와 관련된 말
4주차	정치, 경제와 관련된 말
5주차	세계의 여러 나라와 관련된 말
6주차	자연, 우리 생활과 관련된 말
7주차	운동, 에너지와 관련된 말
8주차	스포츠와 관련된 말